Écrire à deux voix

Eric de Kuyper, auto-traducteur

P.I.E.-Peter Lang

Bruxelles · Bern · Berlin · Frankfurt am Main · New York · Oxford · Wien

Ann-Mari GUNNESSON

Écrire à deux voix

Eric de Kuyper, auto-traducteur

Ce livre est publié avec l'aide du Conseil suédois de la recherche scientifique (Vetenskapsrådet).

Illustration de couverture : James Ensor, *Carnaval sur la plage*, 1887. Musée royaux des Beaux-Arts de Belgique, Bruxelles.

Presses Interuniversitaires Européennes
Bruxelles, 2005
1 avenue Maurice, B-1050 Bruxelles, Belgique
www.peterlang.com ; info@peterlang.com

ISBN 90-5201-060-9
D/2005/5678/41

Information bibliographique publiée par « Die Deutsche Bibliothek »

« Die Deutsche Bibliothek » répertorie cette publication dans la « Deutsche Nationalbibliografie » ; les données bibliographiques détaillées sont disponibles sur le site <http://dnb.ddb.de>.

Table des matières

Remerciements

Tout d'abord, je présente mes remerciements au Conseil suédois de la recherche scientifique (Vetenskapsrådet), qui a largement soutenu la publication de la présente étude. Je tiens aussi à remercier Monsieur Sven Björkman, professeur émérite de langues romanes à l'Université d'Uppsala, pour les remarques judicieuses faites dans son avis d'expert.

De plus, je dois des remerciements aux fondations « Petra et Karl Erik Hedborg » (Petra och Karl Erik Hedborgs Stiftelse) et « Wilhelm et Martina Lundgren » (Wilhelm och Martina Lundgrens Vetenskapsfond). Leur soutien financier m'a aidée à poursuivre mes recherches postdoctorales.

Ma gratitude va aussi aux fonctionnaires de la Bibliothèque universitaire de Göteborg, dont l'obligeance et le professionnalisme ont facilité mes recherches. De même, j'ai toujours été accueillie avec efficacité et gentillesse à la Bibliothèque royale de Belgique.

En outre, j'ai une dette de reconnaissance envers Madame Eva Ahlstedt, maître de conférences à l'Institut des langues romanes de l'Université de Göteborg, pour avoir accepté d'être la toute première lectrice de mon manuscrit. Plus tard, Madame Christina Heldner, professeur de français à cette même université, a lu et critiqué mon texte.

Mes remerciements vont également à mes amis et à mes proches, qui ne cessent de me faire confiance et de m'entourer d'affection. Merci à mon fils Tobias de m'être toujours venu en aide quand les problèmes informatiques m'ont paru insurmontables ! Et sans le soutien, l'optimisme et l'encouragement de mon mari Bertil, je n'aurais pas pu mener à bien mon travail. C'est pourquoi ce livre lui est dédié.

Göteborg, juin 2005

Ann-Mari Gunnesson

CHAPITRE 1

Introduction

Eric de Kuyper est l'auteur d'un cycle romanesque écrit en néerlandais dont il a traduit lui-même les deux premiers tomes en français : *Vacances ostendaises* (1995) et *Le chapeau de tante Jeannot* (1996). C'est sur ces deux textes ainsi que leurs textes sources *Aan zee* (1988) et *De hoed van tante Jeannot* (1989) que se base le présent travail (par la suite, les abréviations *AZ, HTJ, VO* et *CTJ* seront utilisées pour désigner les quatre textes). Après scanning, ceux-ci ont été étudiés et comparés[1], le plus souvent au niveau de la phrase. Pour faciliter la recherche après coup, des mots-clés ont été ajoutés aux unités comparées.

La présente étude vise à examiner l'écriture d'un auteur disposant de deux langues pour construire son œuvre, et non pas à développer des raisonnements théoriques approfondis. Elle se veut tout simplement une présentation d'un auto-traducteur, Eric de Kuyper, et de l'identité culturelle de quatre de ses textes, les uns en version originale néerlandaise, les autres en traduction française. Cette approche se distingue de celle des théoriciens des « Translation Studies », qui, en principe, ne s'intéressent pas aux études de cas particuliers mais préfèrent, dans le domaine de la traduction, les recherches à portée générale. Néanmoins, leurs concepts et leurs visions représentent une source d'inspiration importante pour mon travail, de même que *Traduction et culture* de Jean-Louis Cordonnier (1995) (chapitre 2).

J'analyserai ensuite l'écart qui existe entre l'adptation et la traduction, dans la mesure où les versions françaises des textes mentionnent : « adapté du néerlandais par l'auteur », et non pas *traduit* du néerlandais (chapitre 3). Une attention particulière sera alors apportée aux change-

[1] Pour *AZ* et *HTJ*, ce sont les textes réédités dans *In de zon uit de schaduw* (1997) qui ont été utilisés. Les textes de ces rééditions et ceux des éditions originales sont les mêmes, à cela près que les rubriques en marge de *HTJ* ont été supprimées et qu'une présentation des personnages du roman-cycle a été ajoutée au début du premier volume d'*In de zon uit de schaduw*. Cette présentation ainsi que les rubriques se retrouvent dans la traduction française quoiqu'un peu modifiées. Par contre, un index à la fin de *HTJ* n'a été repris ni dans *In de zon uit de schaduw* ni dans *CTJ*. Les illustrations de couverture et autres particularités éditoriales et typographiques des différentes éditions n'ont pas été prises en compte dans la présente étude.

ments textuels, en particulier aux ajouts qu'un traducteur autre que l'auteur lui-même aurait difficilement pu se permettre (chapitre 4).

L'objectif principal de cette étude est donc le dépistage d'éventuelles différences culturelles entre l'original en néerlandais et la traduction en français. Autrement dit, la question est de savoir si l'auto-traducteur a modifié le texte source en vue de le faire mieux correspondre au monde conceptuel du lectorat cible (chapitres 5 à 9).

La littérature étudiée et consultée est présentée dans la bibliographie. En outre, dans le texte même et dans les notes, je fais mention de certains ouvrages que je tiens à signaler, même si je ne les ai pas consultés pour la présente étude. Ces derniers ne sont pas indiqués dans la bibliographie.

Mis à part les extraits des textes cibles (*VO, CTJ*) – traduits par Eric de Kuyper – les traductions du néerlandais vers le français sont les miennes, à moins qu'il n'y ait d'autre indication. Certaines citations ne sont pas entièrement traduites mais seulement paraphrasées dans le texte qui les entoure.

REMARQUES LIMINAIRES

CHAPITRE 2

Traduire et se traduire

> Languages are jealous sovereigns, and passports are rarely allowed for travellers to cross their strictly guarded boundaries. (Rabindranath Tagore, cité in Sengupta, 1995, p. 171)

2.1. Traduire la culture

Les théories de la traduction constituent un vaste champ de recherche dont je ne m'aventurerai pas à rendre compte en détail. Je ne me contenterai que de mettre en avant deux sources d'inspiration pour mon travail.

Dans *Traduction et culture*, Jean-Louis Cordonnier (1995) met en évidence les relations entre traduction et culture. La traduction entraîne des rencontres : à l'intérieur même de l'individu, entre les hommes et les cultures. Les traducteurs doivent tenir compte des hiérarchies différentes des langues ainsi que des cultures véhiculées par elles. L'attitude du traducteur vis-à-vis de la spécificité de la culture source et sa volonté (ou non) de la communiquer se reflètent dans le texte cible. Prenant en compte les intentions de l'auteur aussi bien que les attentes des lecteurs du texte traduit, il doit définir une position entre les deux. Ainsi, il aura à répondre à la question de savoir s'il faut laisser l'auteur en paix en conduisant le lecteur vers lui, ou bien conduire l'auteur vers le lecteur sans trop déranger ce dernier[1].

Une approche similaire imprègne aussi la branche de recherche à caractère multidisciplinaire qui, dès les années 1970, s'est fait connaître sous le nom de « Translation Studies ». Le texte cible est considéré comme une œuvre originale à statut propre et le traducteur d'une œuvre littéraire comme un co-créateur actif du texte traduit. À cet effet, le traducteur doit tenir compte de plusieurs systèmes de normes, car une traduction est un texte qui a à la fois une place particulière dans le système littéraire de la langue cible et un point d'origine dans le système

1 Sur cette question posée par Friedrich Schleiermacher en 1813, voir Munday, 2001, pp. 27-28.

du texte source. À cela s'ajoutent les normes qui, lors du processus de traduction, gouvernent la pratique de la traduction. Une traduction respectant en premier lieu les normes de la langue de départ est qualifiée d'« adéquate », tandis qu'une traduction respectant en premier lieu les normes de la langue d'arrivée est qualifiée d'« acceptable ». Gideon Toury, Itamar Even-Zohar, José Lambert, James S. Holmes, Theo Hermans et André Lefevere font partie des chercheurs qui ont développé les théories de cette école (*Literature and Translation: New Perspectives in Literary Studies*, 1978 ; Even-Zohar, 1990 ; Toury, 1995 ; Munday, 2001).

Par les couples d'opposition « ethnocentrisme – décentrement » ; « annexion – dévoilement » ; « transparence – opacité », Cordonnier (1995) met en lumière les choix qui se présentent au traducteur au cours de son travail. Tandis que les deux premiers couples parlent d'eux-mêmes, le dernier pourrait peut-être donner lieu à confusion. Si l'on aspire à une traduction qui ose faire la rupture avec le modèle ambiant de la culture cible (décentrement) en transmettant la culture source dans son originalité (dévoilement), la recherche de l'opacité peut sembler un paradoxe. Un traducteur opaque n'ira pas au devant des lecteurs du texte d'arrivée en modifiant le texte de départ, en le rendant transparent. Au contraire, il ose résister à leurs attentes en laissant transparaître des éléments qui peuvent leur sembler étrangers :

> La traduction comme rapport fait tomber le masque de la transparence. La traduction ne se limite pas à la mise en présence, face à face, du Même et de l'Autre. Mais *ce rapport entre eux est historique, culturel, et politique*, et il s'exprime à travers *la position du traducteur,* à travers ses partis pris. Les traductions et les modes de traduire, d'une manière criante, montrent eux-mêmes cette position. Bien plus, ils donnent à voir *la position d'une culture par rapport à une autre culture.* Hier et souvent encore aujourd'hui : l'ethnocentrisme. Demain, il le faut : le dévoilement des différences et le décentrement. Qu'on le veuille ou non, *le traducteur est opaque.* Si on le veut, si on ouvre les yeux, on ne peut que l'apercevoir. (Cordonnier, 1995, p. 145 ; en italiques dans le texte)

Cordonnier n'est pas le seul à vouloir mettre fin à la transparence et à l'annexion des traductions, d'autres auteurs partageant son opinion :

> The ideal has been an "invisible" translator and a translation which reads so fluently as to give the impression of having been written originally in the target language. Lawrence Venuti argues against both invisibility and fluency, advocating instead what he calls "resistant" translation, one which makes the reader constantly aware that he or she is reading a translation, a text shaped by the translator's choices. [...] The traditionally desired invisible, transparent translation of the original text misreads, replaces, and displaces that text – erases it, in fact. But an opaque translation, drawing atten-

tion to its own presence in the text, foregrounds the difference between original and reproduction. This is a self-reflexive translation, a thick translation, drawing attention to its own presence and the ideological nature of translation as a colonizing act. (Karamcheti, 1995, pp. 187 et 193)

Dans ces deux cas, il s'agit le plus souvent de cultures géographiquement éloignées l'une de l'autre. Dans le cas d'Eric de Kuyper, par contre, les lecteurs du texte cible se trouvent très proches des lecteurs du texte source, voire souvent dans le même pays. De plus, l'auteur et le traducteur ne font qu'un, celui-ci se trouvant à cheval entre les deux langues et les deux cultures à la base de ses textes. Pourtant, avant d'aborder ce cas particulier, il convient de traiter brièvement le sujet des auto-traductions.

2.2. Auto-traductions

> Le plus grand vertige, en fait, s'empare de moi au moment où, ayant traduit un de mes propres textes – dans un sens ou dans l'autre – je me rends compte, ébahie : *jamais je n'aurais écrit cela dans l'autre langue !* (Nancy Huston, *Nord perdu*, 1999, p. 52 ; en italiques dans le texte)

Dans le groupe des traductions littéraires, les œuvres traduites par l'auteur lui-même forment une catégorie à part. Peu nombreuses, elles représentent un domaine de recherche qui reste à explorer (Grutman, 1998, p. 17).

C'est probablement en néerlandais que Philippe de Marnix de Sainte-Aldegonde (1540-1598), Flamand bilingue, rédigea son ouvrage le plus connu, *Den Byencorf der H. Roomsche Kercke*, pour le traduire ensuite en français, *La Ruche d'abeilles de la Sainte Église* (Charlier, 1958). Dans ce cas, il peut être difficile d'établir avec sûreté quelle est la version originale (Neuhuys, 1938, p. 32).

La même chose vaut aussi pour les œuvres de certains auteurs de nos jours. Parmi eux Nancy Huston, d'origine canadienne anglophone, qui vit en France depuis longtemps (Huston, 1999). Une certaine confusion eut lieu quand, en 1993, elle fut couronnée par « Le Prix du Gouverneur général » pour son roman *Cantique des plaines* : Nancy Huston n'était ni Québécoise, ni francophone, et le roman récompensé était une traduction, faite par l'auteur elle-même, d'un livre d'abord écrit en anglais, *Plain song*. À ce propos, Huston s'explique sur le statut des deux versions de son œuvre : « Je revendique le fait d'être l'auteur des deux versions, c'est tout [...]. [L]e *Cantique des Plaines* n'est pas qu'une simple traduction de *Plain Song* ; c'est une deuxième version originelle du même livre » (*Livresse*, 2000 ; Girard-Daudon & Bernard, 2001). En ceci, elle se compare à l'écrivain sud-africain André Brink :

> [J]e tiens [...] à ce que mon texte soit rigoureusement le même dans les deux langues. Je traduis moi-même mes romans. Pour en écrire un, il me faut un an, pour le traduire, un an aussi. J'améliore le premier texte grâce au second. André Brink, en Afrique du Sud, fait la même chose. (Argand, 2001)

De même, Julien Green (1900-1998) et Samuel Beckett (1906-1989) ont alterné, eux aussi, entre le français et l'anglais (Lucera, 1987 ; Sardin-Damestoy, 2002). Pendant une longue carrière d'écrivain et jusqu'à sa mort, Beckett écrit tantôt en anglais, tantôt en français, pour se traduire ensuite dans l'autre langue. Ce faisant, il ne cesse de réécrire son œuvre :

> La pratique de l'auto-traduction beckettienne a donc en effet ceci de remarquable qu'elle est l'occasion d'une véritable *réécriture* de chaque texte dans l'autre langue. Elle est le lieu d'un décentrement d'innombrables remaniements : omissions, ajouts, inflexions de ton, et autres modifications aspectuelles, temporelles, ou énonciatives, décentrement linguistique qui entraîne dans son mouvement le sujet beckettien, cette voix singulière et multiple à la fois qui hante les textes, victime ou acteur lui aussi d'une cruciale translation de soi. (Sardin-Damestoy, 2002, pp. 16-17 ; en italiques dans le texte)

Vladimir Nabokov (1899-1977), pour sa part, a fait la navette entre le russe et l'anglais. Après avoir écrit *Lolita* en anglais (1955), il le traduit lui-même en russe (1967), de peur que ce roman devenu célèbre ne soit déformé et dénaturé sous la plume d'un autre traducteur (Osimo, 1999 ; Oustinoff, 2001, p. 270). Par la suite, c'est dans l'autre sens, vers l'anglais, que seront effectuées les nombreuses auto-traductions par Nabokov (Oustinoff, 2001, p. 267 ; pour les trois auteurs, *op. cit.*, *passim*).

La difficulté, pour ne pas dire l'impossibilité, d'être fidèle à l'identité culturelle d'un texte ressort d'un témoignage de Rosario Ferré (1995, pp. 42-47), traductrice d'elle-même entre l'espagnol et l'anglais :

> Translating has taught me that it is ultimately impossible to transcribe one cultural identity into another. [...] As I faced sentence after sentence of what I had written in Spanish hardly two years before (when I was writing the novel), I realized that, in translating it into English, I had acquired a different instinct in my approach to a theme. I felt almost like a hunting dog which is forced to smell out the same prey, but one that has drastically changed its spoor. [...] Translating one's own literary work is, in short, a complex, disturbing occupation.

André Brink, déjà cité, écrit ses romans parallèlement en anglais et en afrikaans. Il commença sa carrière littéraire en afrikaans, mais après la censure par le régime sud-africain de son roman *Kennis van die aand*

(1973), il le traduit lui-même en anglais, *Looking on darkness* (1974), et se met désormais à écrire tous ses livres dans les deux langues. Dans son cas, la ligne de démarcation entre la traduction et la réécriture est particulièrement difficile à établir. À titre d'exemple, nous pouvons constater que des deux éditions parallèles d'un même roman, *Rights of desire* (2000) et *Donkermaan* (2000), il n'apparaît pas facilement laquelle est à considérer comme étant l'original. Il n'est nulle part fait mention de traduction dans les livres, même si selon certains critiques et catalogues de bibliothèques, la version anglaise serait une traduction de l'afrikaans. Notons également que l'auteur a choisi deux titres bien différents pour les deux versions : tandis qu'une citation de J. M. Coetzee (en exergue dans les deux versions) se reflète dans le titre anglais, une citation de Wallace Stevens (également en exergue dans les deux versions) inspire le titre en afrikaans. À part cela et l'illustration de couverture qui, dans l'édition en afrikaans, représente une peinture d'Anton Brink intitulée « Rites of desire », les deux textes semblent se suivre assez étroitement. Le dépistage des écarts entre ces deux versions sort du cadre de la présente étude : il suffira de noter que, malgré les différences, Brink et De Kuyper ont certains points en commun. Leurs langues maternelles respectives appartiennent au domaine linguistique néerlandophone, et leurs traductions (ou réécritures) ne sont pas conditionnées par l'exil ni le changement de langue : les langues et les cultures entre lesquelles ils font la navette se retrouvent dans leurs pays d'origine respectifs.

CHAPITRE 3

Eric de Kuyper – écrivant, traduisant, réécrivant

> C'est que pour quelqu'un dont la langue maternelle est double (et donc fourchue ?), le passage d'une langue à une autre, le passage d'une face de sa langue à une autre, n'a rien d'une traduction. Il ne s'agit d'ailleurs pas seulement de passage, il s'agit plutôt d'un va-et-vient. Tant il est vrai qu'écrire en néerlandais me donne la nostalgie du français, et que, dans le cas contraire, écrire en français me fait parfois regretter l'autre langue. [...] Car ce ne sont pas les « manques » d'une langue qui font préférer à ce moment précis l'autre ; au contraire, c'est la force expressive et persuasive de la langue voisine qui pousse à faire ce changement. Car ces langues – les langues dont se sert un auteur – ne sont pas équivalentes, loin de là. (*CTJ*, postface p. 248)

3.1. Eric de Kuyper en bref

Eric de Kuyper est né en 1942 à Bruxelles. Son enfance et sa jeunesse, passées à Bruxelles, à Ostende et à Anvers, au sein de sa famille, lui ont fourni la matière d'un cycle romanesque, dont les deux premiers tomes font l'objet de la présente étude (voir ci-dessous « Le cycle romanesque »). Après des études à Paris, notamment auprès de Roland Barthes et d'Algirdas Julius Greimas, il publie une thèse intitulée *Pour une sémiotique spectaculaire* (1979). Par la suite, Eric de Kuyper se fait connaître comme critique (de danse, de cinéma, de théâtre et d'opéra), cinéaste, homme de radio, de télévision et de théâtre ainsi que comme enseignant. Il passe la plus grande partie de sa vie en dehors de Belgique, notamment aux Pays-Bas. En 1988, il fait ses débuts littéraires avec *Aan zee*, le premier tome du cycle autobiographique étudié. Ces souvenirs d'une enfance et d'une jeunesse perdues lui valurent le surnom de « Proust flamand » (Peeters, 1990 ; De Decker, 1991), en raison également de sa volonté d'adapter l'œuvre de Proust au cinéma et au théâtre. En plus de ces œuvres, il s'est aussi intéressé à d'autres sujets, notamment les questions d'identité et de spécificités nationales, surtout belges et néerlandaises (*Met gemengde gevoelens. Over eigenheid, identiteit en nationale cultuur*, 2000 ; *Een vis verdrinken. Een niet-Nederlander tussen de Nederlanders*, 2001).

De Kuyper a donc rédigé sa thèse en français ; en tant que critique, il a également publié en français. Pourtant, c'est en néerlandais qu'il a fait ses débuts littéraires. Le deuxième tome de sa saga familiale, *De hoed van tante Jeannot* (1989), est couronné par le prix NCR (De Decker, 1990). Quand, en 1990, De Kuyper reçoit le prix en question, son œuvre littéraire n'existe qu'en néerlandais, mais on constate que « De Kuyper devrait pouvoir traduire lui-même ses ouvrages, car il maîtrise la langue française à la perfection » (Osstyn, 1991, p. 82). Aujourd'hui, c'est en partie chose faite. De plus, avant la parution des deux premiers tomes du cycle romanesque en traduction française, il publie *Je viendrai comme un voleur* (1994), livre directement écrit en français.

Cet ouvrage, qualifié de « thriller psychologique », est ancré à Bruxelles. Le caractère – au moins officiellement – bilingue de la capitale belge n'est pas du tout souligné dans le roman, dont l'action se déroule dans une ambiance qui semble entièrement francophone. Pierre Maury (1994) s'étonne qu'un écrivain « qu'on prenait pour un écrivain flamand dont la langue littéraire était le néerlandais [...] se révèle écrivain... belge de langue française (ou français de Belgique ?) ». Le changement de code d'Eric de Kuyper montre qu'en Belgique, les distances géographiques et culturelles sont deux choses bien distinctes. Du côté francophone, on avoue avoir presque tout ignoré du compatriote néerlandophone, dont les débuts en français sont considérés comme un véritable dépassement de frontière. « Il vient de franchir la frontière. Chez lui, là où les gens parlent la langue de ses livres, il est vécu comme un auteur important. Ici, on ne sait presque rien de lui » (Virone, 1994). Pourtant, en étudiant la bibliographie d'Eric de Kuyper, on ne peut que faire le rapport entre ce roman et un roman du même auteur paru en néerlandais, *Als een dief in de nacht* (1992). La question est de savoir comment ces deux ouvrages aux titres similaires se situent l'un par rapport à l'autre.

Le paratexte du roman en français ne dit rien d'une traduction. Sur la quatrième de couverture, après la présentation de l'auteur et de son cycle romanesque publié en néerlandais, on peut lire : « Fort d'avoir écrit initialement *Je viendrai comme un voleur* en français, il s'emploie actuellement à la version française de ce cycle [...] ». Il faut se tourner vers la version néerlandaise pour trouver une note de l'auteur, très discrète, signalant que le texte en néerlandais constitue la traduction et l'adaptation d'un manuscrit écrit en français. Ce manuscrit, intitulé *Sale gosse*, était resté inédit. La traduction en néerlandais avait été faite par Céline Linssen et l'adaptation par l'auteur. Donc, le roman en français, *Je viendrai comme un voleur*, est à considérer comme une adaptation de *Sale gosse* et non pas comme une traduction d'*Als een dief in de nacht*, même si la publication du texte en néerlandais est antérieure à la publication du texte en français.

Ces romans ne font pas partie du corpus qui est à la base du présent travail. Une étude comparative de *Je viendrai comme un voleur* et *Als een dief in de nacht* doit tenir compte du statut d'original du roman en français en prenant en considération l'avant-texte, *Sale gosse*, manuscrit inédit, et en se rappelant que, dans le cas d'*Als een dief in de nacht*, il ne s'agit pas d'une traduction auctoriale mais d'une traduction allographe seulement révisée par l'auteur. C'est là une tâche intéressante mais qui sort du cadre de la présente étude.

Ces dernières années, Eric de Kuyper s'est en outre fait connaître en France dans des contextes de promotion littéraire. En mai 1999, il est l'un des dix-sept écrivains belges constituant l'équipe trilingue qui se présente à un public hexagonal lors de la manifestation littéraire française dite Les Belles Étrangères, et en mars 2003, il fait partie des auteurs flamands et néerlandais qui, sous la rubrique *Les phares du nord*, sont à l'honneur au Salon du livre parisien. À ces occasions, il est publié en français dans *17 écrivains belges* (1999) et *Littérature en Flandre. 33 auteurs contemporains* (2003).

3.2. Le cycle romanesque

La saga familiale d'Eric Kuyper est présentée sous forme de roman à caractère autobiographique[1]. Elle comprend cinq tomes en néerlandais : *Aan zee* (1988) ; *De hoed van tante Jeannot* (1989) ; *Mowgli's tranen* (1990) ; *Grand Hotel Solitude* (1991) ; *Bruxelles, here I come* (1993). Ces titres ont aussi été réédités en deux volumes intitulés *In de zon uit de schaduw*, dont le premier volume (1997) contient les trois premiers titres et le second volume (1998) les deux derniers. En outre, le second volume présente un nombre de textes (*Kronieken*) ayant trait au cycle romanesque sans pour autant en faire partie[2]. À cela s'ajoute *Drie zusters in Londen. Uit de familiekroniek, 1914-1918* (1996), livre qui peut servir de toile de fond au roman-cycle proprement dit en ce sens qu'il raconte la jeunesse de la mère et des tantes du personnage principal.

---

1 Pour une étude récente sur la question de la littérature dite autobiographique, voir Gasparini, 2004.

2 Dans la présente étude, les indications de pages du cycle romanesque renvoient à ces deux volumes.

Jusqu'à présent, seuls les deux premiers tomes ont été traduits en français[3] : *Vacances ostendaises* (1995) et *Le chapeau de tante Jeannot* (1996). Ils ont été publiés chez Labor, maison d'édition bruxelloise. Le public visé est donc belge plutôt que français. Néanmoins, on verra que certains ajustements du texte ont été faits à l'égard des lecteurs présumés hexagonaux.

L'action de ces romans se déroule à Ostende et à Bruxelles. Au centre du récit un garçon désigné à la troisième personne. « Il » n'est pas nommé, sinon exceptionnellement (*HTJ*, p. 191 ; *CTJ*, p. 88). Pourtant, le personnage principal, le narrateur et l'auteur ne font qu'un, autoréférence à la troisième personne par ailleurs confirmée par l'auteur (*CTJ*, postface p. 250). Celui-ci raconte les souvenirs de ses jeunes années passées parmi ses proches. Dans la vie du garçon, sa mère occupe une place privilégiée. Orphelin de père, il voit en ses trois frères Robert, Jan (Jean dans la version française) et Michel, beaucoup plus âgés que lui, des figures du père. De même, sa sœur Annie, de dix ans son aînée, fait souvent fonction de mère supplémentaire. Sa grand-mère maternelle, Bontje, est une personne imposante, dont les racines hollandaises contribuent à la diversité linguistique et culturelle de la famille :

> Bontje était originaire de Zélande, mais elle avait été envoyée très jeune dans un pensionnat en Belgique, où l'on parlait bien entendu le français. C'est là qu'elle avait appris « la calligraphie » et le « maintien » et ces « bonnes manières » qu'on ne cultivait pas en Hollande. [...] Elle se sentait deux fois supérieure à son entourage : en tant que Hollandaise (bien que vaguement) et en tant que Belge francophone. Elle était persuadée que des deux cultures bourgeoises elle avait reçu la meilleure part. Peut-être y avait-il du vrai là-dedans ? (*VO*, p. 89)

Bontje a trois filles, Jeannot, Julienne (la mère du personnage principal) et Marie-Jeanne (Mimi). Elles ont épousé trois frères, Alphonse (Phonse/Fons), Firmin (le père du protagoniste) et François. À cette famille étendue appartiennent aussi un oncle maternel, Louis, une tante paternelle, Emma, des cousins et cousines ainsi que divers parents par mariage. Les vacances passées à Ostende, grande station balnéaire de Flandre, sont particulièrement importantes pour cette famille bien unie, qui semble faire aisément la navette non seulement entre Bruxelles et Ostende mais aussi entre les langues et les cultures :

[3] Au dire de l'auteur lui-même, les autres tomes ne seront pas auto-traduits. Cependant, un fragment de *Grand Hotel Solitude* a déjà été traduit par l'auteur et a paru dans la revue de cinéma *Trafic*, Paris, hiver 1995, n° 17. (Courriel d'Eric de Kuyper à Ann-Mari Gunnesson, le 13 février 2004)

> Comme tout le monde, elle [*sc.* tante Jeannot] alternait les phrases en flamand avec les phrases en français. Certains membres du clan prétendaient pourtant n'être qu'unilingues. Ainsi sa première et future belle-sœur Irma ne parlait que le français, en émaillant quelquefois son discours d'une phrase dans l'autre langue. [...] Tout le monde parlait donc comme bon lui semblait ; les uns caquetaient joyeusement en bilingue, les autres en leur unilinguisme propre. Et on prenait un réel plaisir à ces pitreries langagières ! (*VO*, p. 16)

Outre le français et le néerlandais – dans la traduction française souvent désigné comme *flamand* – et les cultures associées à ces langues, la langue et la culture anglaises jouent un rôle important dans la famille. Bontje et ses filles gardent jalousement les souvenirs d'un long séjour passé à Londres pendant la Première Guerre mondiale. Cette diversité linguistique et culturelle est transmise un peu différemment aux lecteurs néerlandophones et francophones. C'est là un procédé tout à fait conscient de la part de l'auto-traducteur. Dans la postface de *CTJ* (p. 248), il écrit :

> Car il y eut bien sûr également des questions de contextes. Le plus souvent de contexte culturel. Quel plaisir, en français, de pouvoir de façon évidente et sans arrière-pensée glaner dans les textes de Charles Trenet des phrases, qui, en néerlandais, même si elles avaient été possibles, m'auraient semblé trop lourdement connotées d'une certaine idée de la France et de la francité, qui précisément n'était nullement recherchée ici. [...] Ce n'est qu'un exemple, bien que sans doute le plus marquant, de ce genre d'adaptations, d'accentuations. La saveur du néerlandais flamandisé, truffé parfois de dialecte, a fait place à un français aux « belgicismes choisis » et à un ton plus naïf sans doute que dans la version flamande. C'est que le flamand n'est pas le français !

En outre, il précise que certaines fautes ont été corrigées, même si elles sont toujours présentes dans les rééditions néerlandaises, et que, pour une raison ou une autre, il s'est permis de déplacer certains pans de texte. Lors de la traduction en français des deux premiers livres, la rédaction en néerlandais des livres suivants était déjà achevée. Ainsi, certains passages qui figureront dans les autres tomes ont été supprimés dans les premiers tomes traduits. En revanche, d'autres passages ont été ajoutés au fur et à mesure que de nouveaux souvenirs refaisaient surface.

Nous pouvons donc constater que l'auto-traducteur n'a pas seulement traduit mais aussi adapté son texte. Des points d'interrogation subsistent pourtant. Par exemple, quels effets eurent les changements (« shifts ») survenus au cours du processus de la traduction ? Quelles ont été les normes qui ont gouverné les choix de l'auto-traducteur ? S'agit-il de mobiles culturels, d'une hiérarchie entre la langue cible et la langue source ? L'auto-traducteur essaie-t-il de satisfaire les attentes et les exigences qui déterminent le monde des lecteurs francophones, notamment dans le domaine de la culture[4] ?

4 Pour une synthèse des théories sous-tendant les questions de ce genre, voir Gullin, 1998, chap. 2 ; voir aussi Cordonnier, 1995, *passim*.

CHAPITRE 4

Ajouts, omissions et autres adaptations

> Car que ne fait-on pas en traduction pour faire français ? On modifie la ponctuation. On bouleverse le rythme. On enlève les répétitions. On coupe ce qui, pour un « esprit français », paraît superflu. À l'inverse, on ajoute, car il faut flatter le « génie » de la langue française (mais de quoi s'agit-il précisément ? Personne ne peut le dire). On redistribue les phrases et les paragraphes. On rationalise ce qui heurte trop la raison française. On clarifie. On détruit les réseaux signifiants. On désystématise. On efface les connotations culturelles que le « lecteur » français ne comprendrait pas, ou qui risqueraient de le choquer. Car on a un grand souci *du* lecteur. Duquel ? Du lecteur français. Point. Comme s'il existait un lecteur type. Comme si l'auteur du texte avait écrit pour un lecteur type. En un mot donc : on *désécrit.* Mais pour donner à croire que le texte a été écrit directement en français.
> (Cordonnier, 1995, p. 162 ; en italiques dans le texte)

4.1. Foisonnement et concision

Pour commencer – et en nous en tenant au comptage des mots réalisé par les logiciels de traitement de texte – nous pouvons constater que dans notre petit corpus, les textes traduits sont nettement plus longs que les textes originaux. Ou plus précisément, *VO* est environ 18 % plus long que *AZ*, tandis que *CTJ* est environ 40 % plus long que *HTJ*. Ces chiffres reflètent la taille deux fois plus importante environ du deuxième tome par rapport au premier. Les textes d'arrivée comparés ici, une fois additionnés, sont environ 30 % plus longs que les textes d'origine, ce qui est, selon Juhel (1999) par exemple, la différence habituelle entre un original et une traduction. Dans le cas présent, le foisonnement traductionnel s'expliquerait peut-être en partie par les structures inhérentes aux deux langues (voir *Contrastief onderzoek Nederlands-Frans/Recherches contrastives néerlandais-français*, 2001). Le néerlandais, langue germanique, permet les phrases concises et parfois même laconiques, et une multitude de mots composés (soudés et à rallonge), tandis que le français, langue romane, préfère les tournures de phrases plus élaborées et les mots simples. Les extraits de texte ci-dessous fournissent la même information dans les deux langues ; mais on peut constater, d'un seul coup d'œil, que la traduction compte plus de mots que l'original :

AZ	*VO*
Als hij opkijkt, nadert de trein uit Parijs Brussel-Zuid reeds. (p. 70)	Quand il relève la tête, le train venant de Paris approche déjà de la gare de Bruxelles-Midi. (p. 91)

AZ	*VO*
Met de westenwind in de rug of optornend tegen de oostenwind stapte hij flink door. (p. 92)	Avec le vent d'ouest qui le poussait dans le dos, ou frayant un passage à travers et contre les bourrasques du vent d'est en plein front, il tentait de garder son rythme de marche rapide et enjoué. (p. 126)

La prégnance des verbes à particules néerlandais (*opkijken, optornen, doorstappen*) explique en partie la concision de l'original. Le contraire est rare, mais pas inexistant. Ainsi, la concision de la phrase française suivante est due à l'expressivité du verbe « talonner », traduction d'« op slechts een paar passen achter [hem] aan te draven » :

AZ	*VO*
Maar bij de havendokken durfde hij niet zo goed meer op slechts een paar passen achter hem aan te draven. (p. 102)	Mais arrivé aux bassins il n'osa plus le talonner. (p. 138)

Cela dit, nous pouvons toutefois constater que l'auto-traducteur, dans un foisonnement de mots, a tendance à amplifier et à clarifier l'information donnée dans l'original sans pour autant toujours en modifier l'essence. Dans les extraits cités ci-dessous, c'est probablement pour éviter les répétitions – l'une des exigences principales de la langue française – que l'auto-traducteur est plus abondant et plus inventif que l'auteur. La répétition dans l'original du verbe *huppelen* 'sautiller' est remplacée par un échantillon varié de verbes français dans la traduction. De plus, la prégnance du nom composé « stadsplezier » est rendue en français par une phrase entière (« il prenait du plaisir à vivre la ville ») suivie d'un ajout explicatif (« et à la vivre par les pieds, par les jambes ») :

HTJ	*CTJ*
Hij huppelde vaak door de straten, niet alleen omdat hij ervan hield door dalende straten, kronkelende steegjes en over trappen te huppelen – hij huppelde van puur stadsplezier. (p. 215)	Et [...] il gambadait souvent dans les rues ; ou bien il cavalait, descendait en courant une rue, suivait avec plaisir les courbes d'une ruelle sinueuse ou dévalait en sautillant un escalier qui reliait une rue à une autre. Il arpentait, il prenait du plaisir à vivre la ville, et à la vivre par les pieds, par les jambes. (p. 313)

Dans un passage où il est question de l'engouement du protagoniste pour un jeune homme qu'il admire à distance après l'avoir vu un jour sur la plage d'Ostende, c'est la répétition de « weinig » et la récurrence de la consonne *l* dans « he*l*e *l*even *l*ang » qui, dans l'original concis, traduit l'intensité des sentiments du jeune garçon. Dans la traduction, plus riche en mots et plus explicative, l'itération lexicale[1] de certains couples de mots (« recherche-attente », « réjouissante-gratifiante », « endurance-patience ») sert à communiquer la même chose, à la différence près que la détermination cadencée de la phrase concise du texte en néerlandais a été remplacée par la richesse verbale un peu essoufflée du texte en français :

AZ	*VO*
Het was weinig verheugend, er was heel weinig hoop, toch zette hij door, zijn hele leven lang. (p. 110)	La recherche et l'attente de la reconnaissance venant d'un inconnu n'était pas une occupation très réjouissante, ni très gratifiante ; il n'y avait que peu ou pas d'espoir qu'elle jaillisse un jour ; cela demandait de l'endurance et de la patience. Mais il continua à exercer l'une aussi bien que l'autre, de jour en jour, sa vie durant... (p. 146)

À en juger par les citations suivantes, l'auteur et l'auto-traducteur ne semblent pas avoir la même confiance dans la capacité – ou la volonté – de leurs lecteurs respectifs d'accepter et d'apprécier une particularité langagière. L'addition de « blauwe bloemetjes » (« des bouquets de fleurs bleues ») au verbe « wijsmaken », qui signifie « raconter des histoires », donne lieu à des explications et des clarifications supplémentaires dans le texte traduit (les « blauwe bloemetjes » génériques devenant les « pâquerettes bleu pâle » spécifiques). C'est la mère du petit garçon qui de cette manière exprime son scepticisme vis-à-vis des

[1] J'emprunte ce terme à Anders Melkersson qui l'utilise dans sa thèse de doctorat *L'itération lexicale : étude sur l'usage d'une figure stylistique dans onze romans français des XII*[e] *et XIII*[e] *siècles* (Göteborg, Acta Universitatis Gothoburgensis, [1985] 1992).

autorités, à l'occasion de l'incendie d'un bâtiment ministériel contenant des documents importants datant de la guerre, incendie tombé trop à point nommé selon elle. Dans la traduction, il est noté que la truculence de son langage va au-delà de la compréhension de ses locuteurs, commentaire qui ne figure pas dans l'original :

HTJ	*CTJ*
'Van Zeeland (of Spaak, de namen die hij toen het vaakst hoorde vernoemen in dit verband) zal ons op de radio weer blauwe bloemetjes kunnen wijsmaken.' (p. 193)	« Van Zeeland (ou Spaak : les noms qu'il entendait le plus souvent associés aux événements politiques du jour) viendra encore nous raconter des sornettes, demain à la radio. » Mais elle [*sc.* la mère] n'appelait pas cela des sornettes ou balivernes ; elle avait une façon plus poétique de dénommer ces contre-vérités politiques. Elle appelait ce genre de racontars « des petites pâquerettes bleu pâle ». « Ils vont encore nous raconter des histoires de petites pâquerettes bleu pâle. » Les badauds, qui ne la comprenaient pas, acquiesçaient pourtant. (p. 90)

Parfois, l'ornementation du texte traduit peut mener à un niveau de style plus élevé. Ainsi, dans ce qui suit, la concision neutre de l'original est remplacée par une faconde plus poétique :

AZ	*VO*
De kinderen speelden de hele dag aan de rand, waar water en zand telkens wisselende patronen schiepen. Al naargelang het eb of vloed was, veroverde het strand ruimte op het water of verloor het via allerlei kanalen en bressen meer en meer land. (p. 22)	Toute la journée les gosses s'amusaient à la lisière où l'eau rencontre la plage, là où elle se transforme sous l'effet des vagues. Là où les vaguelettes caressent le sable, le cajolent, le triturent, le manipulent, l'enjoignent, le moment venu, à les raccompagner en pleine mer. Mais au dernier moment, le sable se dédit toujours et les vagues prennent congé de la plage. Elles se retirent et la grève se résigne à attendre le retour de la marée. Par nostalgie, parfois, le sable, abandonné par les jeux des vagues, garde leur empreinte ; la plage demeure toute ridée d'ondulations. Le plus souvent, cependant, la grève reprend son caractère bien lisse et vierge, montrant par là son indifférence au travail de sculpture que la marée avait tenté de lui imprimer. (p. 29)

4.2. La liberté de l'auteur

La longueur de la traduction par rapport à l'original s'explique en premier lieu par le fait que l'auto-traducteur complète les souvenirs de l'auteur et ajoute des informations que l'on ne trouve pas dans le texte source. En général, il s'agit de faits dont seul l'auteur lui-même aurait pu avoir connaissance, étant donné le caractère autobiographique de l'œuvre. Ces ajouts, qui allongent le texte, sont trop importants pour pouvoir être compensés par les omissions que l'auto-traducteur se permet, suppressions qui, pour différentes raisons, auraient très bien pu être effectuées par un traducteur autre que l'auteur. Je me contenterai ici d'étudier une de ces modifications qui transforme le texte de manière remarquable, dans un sens plus destiné au public francophone. Il s'agit de la fin d'*AZ* et de *VO*, qui n'est pas la même dans les deux versions.

Dans *AZ*, les vacances ostendaises sont comparées à un séjour de Pâques passé jadis à La Panne, station balnéaire située tout près de la frontière française (voir aussi *Met zicht op zee*, pp. 85 ; 89-90). Dans ce passage, La Panne, aux influences françaises, est opposée à Ostende, plutôt marquée par le voisinage des Pays-Bas. Ostende en sort gagnante, et la proximité de l'Angleterre est considérée comme plus intéressante que celle de la France. En outre, il est dit explicitement que, pour le jeune garçon, le français est une langue secondaire qu'il ne maîtrise pas encore :

> *AZE* Ens had hij een Paasvakantie niet in Oostende doorgebracht maar in De Panne, bij de ouders van een van hun logeergasten. De Panne lag vlak bij de Franse grens en het verbaasde hem dat dit 'aan zee' zo kon verschillen van wat zij 'aan zee' noemden. Dat kon alleen Oostende zijn. Er waren mensen die elk jaar een andere badplaats uitprobeerden! Dat was barbaars, gaf blijk van een totaal gebrek aan trouw, continuïteit en traditie.
> In De Panne leek in die eerste naoorlogse jaren niets hetzelfde als in Oostende. Het centrum was een dorpsstraat, met als enige attractie een bioscoop, waar hij gelukkig een paar keer per week naartoe mocht, want de programma's werden om de twee dagen gewijzigd. Hij zag er een Tarzanfilm, een Amerikaanse komische film die hem niet erg beviel (het zal er wel een met Red Skelton geweest zijn), en iets wat hij heel mooi vond, LA RUE DU DAUPHIN VERT, die geen andere was dan GREEN DOLPHIN STREET, 'a silly 19th century romance climaxed by rather a good earthquake', met Lana Turner als aanwezig-afwezige schoonheid.
> De stranden in De Panne waren zo uitgestrekt dat ze niet meer op een strand leken, maar eerder op een woestijn. De duinen stonden vol met bunkers waar je niet mocht gaan spelen.
> Verder het land in was het echt bebost, niet zoals het 'bosje' in Oostende, nee, 'echte natuur', van het soort dat hem argwanend maakte.
> Ze gingen op bezoek bij 'familie' van de lieve mensen bij wie hij logeerde: in Adinkerke. De familie had er een café (een café!), vlak bij een spoorweg-

bareel. En telkens wees men hem een plekje aan waar Frankrijk begon. Een grens, een ander land, dat veel minder tot zijn verbeelding sprak dan het verre Engeland ginds over zee...
De lieve mensen woonden in een 'werkmanshuisje'. Het was er donker en benauwd, en het rook er steeds naar soep. Achter het huis hielden ze duiven, die ze hem trots lieten zien. Ze leken hem verschrikkelijk 'levend' en angstaanjagend druk in de weer. Maar hij vond ze wel lekker smaken, want met Pasen aten ze gebraden duif. Een kip in het klein, schreef hij aan zijn moeder. Hij schreef ook nog (hij zat toen pas in de eerste klas, maar hij schreef al eerder), dat hij goed was aangekomen met de trein, zijn kaartje niet verloren had en dat hij al twee keer naar de film was geweest. De titel, RUE DU DAUPHIN VERT, werd fonetisch gespeld, omdat hij het Frans alleen nog maar kon lezen. (pp. 123-124)
VO ø

L'omission signalée ci-dessus représente certes une adaptation d'ordre majeur. Néanmoins, un traducteur autre que l'auteur aurait pu faire la même chose, dans le but de ne pas heurter les lecteurs francophones ou tout simplement pour raccourcir le texte.

Assez souvent, ce que l'on prend à première vue pour des ajouts ou des omissions ne s'avère être rien d'autre que des déplacements de texte, allant de simples transferts de mots à l'intérieur des phrases et des paragraphes, jusqu'à d'importants déplacements de larges parties de texte. Les épisodes sur Vera Lynn, tante Mimi et les vacances de Pâques dans *AZ/VO* (pp. 95-96/133-135 ; pp. 112-118/117-124 ; pp. 119-125/147-154) ainsi qu'un texte traitant des « pralineries » dans *HTJ/CTJ* (pp. 253/151-152) sont autant d'exemples de ce dernier cas. En principe, de tels changements de texte peuvent très bien être effectués par n'importe quel traducteur un peu hardi, et ne seront pas analysés ici.

Or, quand par la suite je parlerai de « la liberté de l'auteur », il sera essentiellement question d'ajouts. Parfois, il ne s'agit que de quelques mots, mais ceux-ci peuvent apporter des informations supplémentaires surprenantes. Dans un passage décrivant les habitudes du coucher de la famille pendant les vacances ostendaises, les lecteurs du texte cible, à la différence de ceux du texte source, sauront que l'enfant qui tombe souvent de son lit s'appelle Guy. Cette information est d'autant plus surprenante que c'est seulement quelques pages plus en avant (p. 15), aussi bien dans l'original que dans la traduction, que sera présenté cet arrière-cousin. En outre, les lecteurs du texte traduit cité ci-dessous ne connaîtront pas seulement l'une des locutions récurrentes de tante Jeannot, mais aussi sa manière de la dire :

AZ	*VO*
De kinders werden in en naast de bedden opgestapeld. 's Ochtends bleek er altijd wel eentje tijdens de nacht onder een bed te zijn gerold. (p. 11)	Les enfants se partageaient les lits ou dormaient sur le sol. Tante Jeannot appelait cela « faire paillasse par terre ». Elle le disait comme si c'était un grand événement. Le matin, on en retrouvait toujours un sous un lit. D'ordinaire, c'était Guy. (p. 11)

Les exemples de ce type sont légion. Mais dans la traduction, il y a aussi de larges pans de texte sans équivalent dans l'original. Souvent, ces additions expriment les sentiments du protagoniste autobiographique et fournissent des détails que n'importe quel traducteur n'aurait guère osé ajouter, sous réserve des cas où l'information en question aurait pu être trouvée dans d'autres parties de l'œuvre ou dans le paratexte, ce qui peut être considéré comme une stratégie de traduction pour le moins discutable. Le passage suivant, qui contient des informations détaillées ayant rapport au père du garçon, n'en est qu'un exemple parmi d'autres :

HTJ ø
CTJ Aussi ne demandait-il que rarement des détails au sujet du défunt, dont la disparition avait laissé si peu de regrets. Beaucoup d'amertume, au contraire. Il n'aimait pas beaucoup voir sa mère dans l'état curieux de rage contenue qui la prenait quand elle parlait de Firmin.
Un portrait minuscule de son père traînait quelque part sur un meuble. Comme le petit cadre avait tendance à se renverser au moindre mouvement, elle le redressait scrupuleusement. Plus tard, elle tint à ce que l'adolescent qu'il était devenu le place sur son bureau. Il le cachait derrière un objet ; en faisant les poussières, elle le remettait plus en vue. (p. 103)

Beaucoup plus souvent que l'auteur, l'auto-traducteur permet aux personnages des romans de s'exprimer en discours direct. Nombre de dialogues supplémentaires sont ainsi rajoutés au texte cible. Une conversation entre tante Jeannot, oncle Alphonse et le garçon après une représentation d'opéra peut servir d'illustration de ce procédé :

HTJ ø
CTJ On applaudissait souvent et beaucoup. Lui aussi applaudissait avec enthousiasme, jusqu'à en avoir mal aux mains. Il avait la tête en feu. Il délirait.
– Fons, je crois que ce gosse est trop sensible. Regarde-le. Il est tout en sueur.
Et s'adressant à lui : « Alors, ça t'a plu ?
– Oh, oui. Mais c'était trop court.
– Les belles choses sont toujours courtes. Mais si cela t'a plu, on y retournera. » Et s'adressant à l'oncle Alphonse : « Peut-être qu'on pourrait

l'emmener quand le Sadler Wells viendra ? Qu'est-ce que tu en penses, Fons ? » L'oncle Alphonse était d'accord. Comme toujours.
Le drôle de mot que tante Jeannot venait de proférer là : *Sadler Wells !* Il répétait l'étrange nom, le tournait et le retournait dans sa tête. Il ne s'agissait pas de l'oublier. C'était un mot magique qui donnait accès à d'autres merveilles. À découvrir, bientôt. S'il était sage.
– Et si on allait encore boire un verre à l'Hulstkamp ?
– C'est une excellente idée, répondait oncle Alphonse, qui, lui aussi, respectait les traditions, mais aimait se les laisser dicter par sa femme. Tante Jeannot, elle, faisait comme si elle les inventait. D'ailleurs, c'est vrai, elle changeait à plaisir les us et coutumes, comme elle aimait changer de chapeau.
C'était donc ça, le ballet ! C'était donc ça la danse ! La musique n'arrêtait pas de jouer dans sa tête. Il donnait le bras à sa tante, qui, elle, donnait le sien à son mari.
– Il fait un peu frisquet pour la saison, disait sa tante.
– En effet, répondait son oncle.
Ils se dirigeaient vers la Bourse. (pp. 60-61 ; en italiques dans le texte)

4.3. Disparités et distractions

De temps en temps, l'auto-traducteur saisit l'occasion pour corriger l'une ou l'autre petite erreur de l'auteur. Dans *AZ*, parlant de l'Ostende d'antan comme d'une station balnéaire mondaine où affluaient les têtes couronnées et autres personnalités, Bontje et ses filles comparent cette « reine des plages » à Paris. Dans *VO*, ce lapsus a été corrigé :

AZ	*VO*
(Hij hoorde zijn moeder en Bontje eraan toevoegen: 'Het casino? Helemaal niets meer vergeleken met de echte chique van voor de oorlog... toen Oostende nog een echte badplaats was, waar koningen en koninklijke maîtresses kwamen... zoals Parijs, of bijna.') (p. 94)	(Bontje et les mères précisaient : « Oui bien sûr, mais nullement comparable au casino d'avant-guerre, au grand chic du début du siècle, à l'époque où Ostende était encore la vraie reine des plages, là où s'étaient rendues les altesses royales et leurs maîtresses. ») (p. 128)

Paris n'est pas une station balnéaire, et l'auteur ne veut pas nous le faire croire. Mais pour éviter toute confusion, l'auto-traducteur n'a pas eu tort de supprimer la référence à la capitale française. Et pour ce qui est des indications de position suivantes, on pourrait soupçonner que le traducteur – s'il avait été autre que l'auteur lui-même – aurait eu des difficultés à désigner les points cardinaux. Le cas échéant, on présume qu'il s'agit d'une simple correction, l'auteur ayant peut-être momentanément perdu le nord :

AZ	*VO*
Meer naar het zuiden toe was het niet echt Oostende meer; meer naar het noorden was het te druk. (p. 119)	Plus vers l'est, ce n'était déjà plus vraiment Ostende ; plus vers l'ouest et le centre de la ville il y avait trop de monde. (p. 148)

Les changements signalés ci-dessus sont peut-être moins importants que la correction d'un nom de rue qui, dans le texte source, est associé au plan Marshall. Ce lien est démenti dans le texte cible, qui par ailleurs contient d'autres ajouts explicatifs :

HTJ	*CTJ*
(één kant van de school lag – toevallig? – aan de avenue Marshall, de man van het Plan.) (p. 326)	(Était-ce un hasard si d'un côté leur école longeait la rue du Radium – le futur – et de l'autre l'avenue Marchal, à ne pas confondre avec l'homme qui a donné son nom au plan Marshall, dont on entendait beaucoup parler ? Mais pour eux, c'était le même bonhomme.) (p. 228)

Encore une confusion de nom fâcheuse : celle entre Verhaeren (le plus célèbre porteur de ce nom étant l'écrivain francophone flamand Émile Verhaeren, 1855-1916) et Verhaegen (Pierre-Théodore Verhaegen, 1796-1862), fondateur de l'ULB/VUB, l'Université libre de Bruxelles. Notons que c'est le sigle français qui est utilisé dans les deux textes et que c'est seulement dans la traduction française qu'il est explicité :

HTJ	*CTJ*
Bang waren ze [*sc.* Annie en haar vriendinnen] alleen voor 'la Saint Verhaeren'. Verhaeren was natuurlijk helemaal geen heilige, maar de stichter van de ULB (de niet- en zelfs anti-katholieke Universiteit van Brussel). (pp. 198-199)	En fait, seule la « Saint-Verhaegen » leur faisait peur [*sc.* à Annie et à ses amies]. « Verhaegen » n'était évidemment pas un saint, et même tout le contraire d'un saint catholique, car il était le fondateur de l'ULB (l'Université libre de Bruxelles) qui, comme son nom l'indique ou ne l'indique pas, était une institution de réputation anti-catholique. (p. 94)

Il va de soi qu'un auto-traducteur est particulièrement bien placé pour pouvoir corriger les petites fautes de mémoire commises par l'auteur au moment de l'écriture. Cependant, de temps à autre, la liberté de l'auteur ressemble à un 'sommeil de l'auteur'. Ou plutôt : l'auto-traducteur peut commettre les mêmes erreurs de lecture que n'importe quel traducteur. Cela semble être le cas d'un passage où il est question d'une statue équestre ostendaise, un point de repère important pour la famille du roman. En règle générale, l'auteur l'appelle « het Paard », tandis que l'auto-traducteur le désigne par un nom français, « le Roi-

Cheval ». Mais pas toujours : quand, dans *AZ* (p. 92), le garçon court « tot bij het Paard » ('jusqu'au [Roi-] Cheval'), ce syntagme est traduit par « comme un cheval » dans *VO* (p. 125). Donc, la liberté de l'auteur ressemble ici à une faute de traduction. De même, une confusion entre « zware » 'lourd' et 'zwarte' « noir » semble se cacher derrière la traduction suivante :

HTJ	*CTJ*
Hij droeg een zware winterjas, hoewel het daar toch niet meer het seizoen voor was. (p. 246)	Il portait un manteau d'hiver noir, bien que ce ne fût plus la saison. (pp. 141-142)

Il est nécessaire de comparer attentivement les deux versions pour bien comprendre un autre extrait décrivant comment la mère du garçon corrige toujours les personnes l'appelant « Madame Dekuyper » en précisant « nee, Veuve Dekuyper » ('non, Veuve Dekuyper'). L'enfant fait ici la confusion entre « nee » ('non') et « née » et se demande – mais seulement dans la traduction – comment on peut être née veuve. Le calembour, qui n'est pas commenté dans le texte en néerlandais, disparaît dans la version française, où l'auto-traducteur a même ajouté « née Cornellie » :

HTJ	*CTJ*
Onderstreepte ze daarom misschien bij iedere officiële transactie zo nadrukkelijk haar status van weduwe: *Veuve* Dekuyper. 'Madame Dekuyper', nee, Veuve Dekuyper corrigeerde ze steeds. (p. 207 ; en italiques dans le texte)	Était-ce la raison pour laquelle elle soulignait cependant toujours son statut de « veuve » ? « Non, disait-elle, non. Pas madame de Kuyper. Veuve de Kuyper, née Cornellie. » Née Veuve de Kuyper, demandait-il, qu'est-ce que cela signifie ? (p. 102)

On ne comprend pas très bien non plus pourquoi l'auto-traducteur, sans raison apparente, se permet de remplacer certains termes d'énumération de la version originale par d'autres noms dans la version française. Ainsi, dans les extraits qui suivent, presque tous les noms de restaurants et les noms de rues bruxellois ont été changés :

HTJ	*CTJ*
En daar gingen ze met z'n tweetjes over de brede boulevard met platanen of langs de rue de Molenbeek en de chaussée de Gand. [...] Na de voorstelling gingen ze, omdat het zo'n lekker weer was of juist omdat het buiten zo koud was, nog een glas drinken in de Monico-Bourse, de Hertekamp of de Falstaff. (p. 263)	Bras dessus, bras dessous, ils descendaient ainsi vers le centre-ville par la rue de Ribaucourt, la chaussée de Gand, la rue de Flandres. [...] Parce qu'il faisait un temps superbe ou parce que, au contraire, il faisait bien froid ou qu'il pleuvait à torrents, ils allaient encore prendre un verre après le film ou le spectacle au Monico-Bourse, au Cap-Nord, au Chevalier Marin ou à l'Hulstkamp. (p. 163)

Il est possible que les divergences entre les passages cités ci-dessus soient dues au fait que « les inexactitudes concernant la topologie de Bruxelles ont [...] été corrigées dans [la] version française » (*CTJ*, postface p. 249). Mais le changement des couleurs dans la description de la mer ci-dessous semble plutôt accidentel. Ainsi les variations de couleur de la mer, qui n'est grise qu'en français, restent inexpliquées :

AZ	*VO*
'Maar kijk toch eens hoe groen/bruin/ blauw/wild/kalm de zee is vandaag. Je zou zeggen...' (en dan volgde een vergelijking die op niets sloeg, zo dacht hij tenminste. Maar de zee was inderdaad ontzettend mooi groen/bruin/...). (p. 69)	Ou bien l'on s'écriait « Regardez donc le brun/vert/gris » ou encore le « calme ou bien la sauvagerie de la mer. On dirait... ». Suivait alors une comparaison qui, selon lui, ne rimait pas à grand-chose. Mais il est vrai que la mer était d'un très beau brun/vert/gris... (p. 90)

Les vêtements, eux aussi, changent de couleurs et de formes entre le texte de départ et le texte d'arrivée. Ci-dessous, les « truien » ('pulls') se transforment en « pantalons » et un anorak brun est devenu vert :

HTJ	*CTJ*
Trouwens ze hadden ook nog mooie bijpassende sjaals in het groen, en mochten die niet bevallen, dan waren er nog bruine truien die weer prachtig kleurden bij de bruine anorak uit de etalage. (p. 251)	Et puis ils avaient encore de très belles écharpes écossaises, et si celles-ci n'étaient pas au goût du client, ils avaient toujours des pantalons bruns qui, d'ailleurs, allaient très bien avec l'anorak vert de la vitrine. (p. 148)

Quant aux citations suivantes, qui ont trait aux émissions de radio écoutées par la famille du protagoniste, la raison pour laquelle l'auto-traducteur a remplacé la navigation (« scheepvaart ») par les pigeons n'est pas évidente :

HTJ	*CTJ*
Zelfs de onverstaanbare, eindeloze berichten voor de landbouw en de scheepvaart, zelfs de beursen weerberichten klonken hem als muziek in de oren. (p. 319)	Même les incompréhensibles et interminables informations agricoles ou colombophiles, les informations boursières et autres messages météorologiques : tout cela était comme de la musique. (pp. 220-221)

La substitution de chiffres sans importance pour la compréhension du texte est un autre procédé du même genre. Ainsi, quand l'oncle Alphonse fait ses comptes lors d'une réunion familiale tout en essayant de suivre la conversation des autres invités, les soixante-quinze (75) et quatre-vingt-un (81) de l'original se métamorphosent en soixante-neuf (69) et quatre-vingt-sept (87). Notons aussi que le dialecte d'Alphonse est épuré et transformé ainsi en langue standard :

HTJ	*CTJ*
Wanneer bijvoorbeeld tante Jeannot in kleurrijke taferelen hun laatste reis door Spanje aan het schilderen was [...], sprong hij ertussen om haar te corrigeren. 'Vuuf-en-sjeventig, ein-entachtig... Nèèn Jeannot, da was nie in Toledo, da was in Sevilla, ien da straotje naost de keirk... Vuuf-onthouden... twei, drieè...', ging hij onverstoorbaar verder, goochelend van de ene naar de andere lange kolom. (pp. 282-283)	Quand, par exemple, tante Jeannot se mettait à raconter leur dernier voyage en Espagne [...], il la corrigeait tout en continuant à jongler avec ses chiffres : « Soixante-neuf, quatre-vingt-sept. Non, non Jeannot, c'était pas à Tolède, c'était à Séville, dans cette petite rue à côté de l'église... je retiens cinq, et deux, et trois ». (pp. 181-182)

S'agit-il d'un auto-traducteur distrait ? Ou bien corrige-t-il l'auteur ? S'amuserait-il à inclure certains changements discrets aléatoires ?

4.4. Protagoniste, narrateur et auteur

L'auteur du cycle romanesque raconte donc sa propre vie. Son *alter ego*, désigné à la troisième personne, n'est pas nommé, sinon indirectement et tout à fait exceptionnellement :

HTJ	*CTJ*
Weet je nog dat we hier in de oorlog elke dag kwamen zitten, toen Eric pas begon te lopen... (p. 199)	« Tu te rappelles que pendant la guerre nous venions ici chaque jour ? C'est sur cette pelouse qu'Éric a fait ses premiers pas. [...] » (p. 88)

Comme l'explique l'auteur dans la postface de *CTJ* (p. 250), son *alter ego*, le personnage principal, est un « *il* omniprésent ». Celui-ci en sait donc long sur tous les autres personnages du roman-cycle. Ce qui peut parfois occasionner une forme de décalage diégétique[2] entre le texte source et le texte cible. Ainsi, dans un passage racontant les sorties de tante Jeannot et de l'oncle Alphonse, un commentaire dans l'original fait (après coup) par la mère du garçon, est attribué à l'oncle dans la traduction en français. De plus, une partie du récit est transformée en discours direct, discours également tenu par Alphonse :

2 *Diégétique* 'qui se rapporte à l'univers de l'histoire racontée (la *diégèse*)'. Dans cette étude, je me permets d'employer – sans chaque fois les signaler – certains termes narratologiques, notamment genettiens (voir Genette, 1972 ; 1983).

HTJ	*CTJ*
Onderweg kocht ze nog een zakje pralines, die ze in haar eentje tijdens de voorstelling opsmulde, want Fons hield niet van zoet. In de daaropvolgende nacht was ze onveranderlijk ziek en misselijk, maar dat nam ze op de koop toe. 'Ik heb nu eenmaal een zwakke lever', beweerde ze. 'Dat wil ik geloven', antwoordde zijn moeder. (p. 263)	Et en route, elle s'achetait les pralines qu'elle mangerait durant le spectacle ou le film. – Tu vas encore avoir une indigestion cette nuit, prophétisait oncle Alphonse. Ça, elle le savait aussi d'expérience. Mais c'était un risque à prendre. – J'ai le foie fragile, expliquait-elle. [...] – Je pense bien que tu as le foie fragile. Moi, après avoir mangé une livre de pralines – il exagérait autant que sa femme ! – j'aurais aussi le foie fragile. (p. 163)

Si le garçon est censé savoir tout ce qui se passe et se dit dans la citation ci-dessus, c'est parce qu'il écoute souvent les conversations entre sa mère et tante Jeannot, mais aussi parce qu'il accompagne parfois sa tante et son oncle lors de leurs sorties.

Le point de vue est donc le plus souvent celui du petit protagoniste, c'est-à-dire du narrateur jeune :

HTJ	*CTJ*
In die lente van zijn elfde jaar begon het mis te gaan. Hij zat in de voorlaatste klas van de lagere school. Annie zou in de lente trouwen met Fred. Daarvoor had Bontje gezorgd. En in diezelfde lente zou hij zijn plechtige communie doen. Dat was iets waar hij veel van verwachtte. Je moest je die voorstellen als een soort huwelijk. Er waren geschenkjes, er was een nieuw pak, er was een diner met een menu van verschillende gangen, en vooral: je kreeg bloemruikers van witte en rode rozen. Er was natuurlijk geen bruid. Die kwam pas later. (p. 334)	Au printemps de sa onzième année, les choses commencèrent à aller mal. Il était alors dans sa dernière année d'école primaire, chez les Pères Jésuites. Annie allait se marier d'ici peu. Vers la même époque, il fit sa communion solennelle. Comme les autres communiants qui l'avaient précédé, il en attendait beaucoup. Il trouvait qu'une communion solennelle ressemblait un peu à un mariage. Il y aurait, en effet, à cette occasion des cadeaux, un costume tout neuf, un grand dîner avec plusieurs plats au menu (il avait lu attentivement les menus du début du siècle, ceux des fêtes de communion de sa mère, de sa grand-mère). Et surtout il y aurait des fleurs : il recevrait des corbeilles de fleurs blanches ou roses. Des lys et des roses, mais aussi sans doute des hortensias. Il n'y aurait évidemment pas de mariée. Celle-ci viendrait plus tard. (p. 237)

Mais, de temps à autre, le point de vue exprimé par le récit est celui du narrateur adulte qui intervient ainsi dans le récit plus ou moins discrètement (« alleen beseft hij nu, terwijl hij het opschrijft » ; « rassemblé dans ces quelques notes ») :

AZ	*VO*
Hij kende het zand zoals de visser de zee en de wind. Het was geen overbodige kennis... alleen beseft hij nu, terwijl hij het opschrijft, dat er niets van die deskundigheid is overgebleven. Toen hij nog kind was, had hij al vermoed dat hij bij het volwassen worden veel zou vergeten van wat onmisbaar was voor het leven, voor het gelukkig beleven van het dagelijks leven. Hoe juist bleek nu zijn intuïtie; hoe gegrond zijn panische angst om volwassen te worden. Hij zou vergeten, zichzelf ontrouw worden, zo had hij gevreesd. (p. 24)	Il connaissait la plage comme le pêcheur connaît le vent et les eaux. Ce n'était pas une connaissance superficielle (Rien ou si peu de ce savoir n'a survécu ; ce qui en subsiste est péniblement rassemblé dans ces quelques notes). Étant gosse déjà, il craignait qu'en devenant adulte beaucoup de ce savoir indispensable à la vie, à la vie de tous les jours, se perdrait. Parfois ce pressentiment l'angoissait : un jour il deviendrait adulte. Et de ce fait il oublierait, il perdrait toute cette connaissance. Cette crainte d'oublier un jour, de trahir ses plus intimes convictions et croyances, faisait naître en lui un vague sentiment de panique. (pp. 30-31)

D'autres fois, il s'agit de remarques métanarratives mises en relief de manière plus explicite (pour ce qui est du texte traduit, même typographiquement, ce qui n'a pourtant pas été pris en compte ci-dessous) :

AZ	*VO*
In de gauwigheid genoteerd op lijn 12, tussen de Amstel en de Van Baerlestraat. De laatste passage over de politiek van toen en nu kreeg hij net niet meer uit de pen. [...] Een beklemming: zou hij de laatste woorden nog ooit kunnen schrijven? Was de formulering over de politiek nu niet voorgoed verloren, het gevoelen van toen en nu, dat elkaar zo dicht genaderd, zo helder was, niet voorgoed weg? Zou het ooit opnieuw komen opborrelen? Wat was er zo tragisch aan het verlies van teruggevonden woorden? (pp. 43-44)	Noté en vitesse, ce passage, sur la ligne du tram 12, entre l'Amstel et la rue van Baerle à Amsterdam. Les dernières remarques à propos de la façon dont il ressentait le climat politique d'alors avec la façon dont il le ressent quarante ans plus tard, sont brutalement interrompues : il est, sans le remarquer, arrivé à l'arrêt où il doit descendre. [...] Ce qui l'inquiète le plus est : se souviendra-t-il de ce qu'il voulait noter à ce moment précis ? Déjà, il lui semble l'avoir oublié. Déjà s'estompe le rapport, qui lui semblait évident, entre sa petite nièce au corps endolori et les souvenirs d'après-guerre. N'avait-il pas perdu à tout jamais ce qu'il avait retrouvé l'espace d'un instant ? Est-ce que ce sentiment, pourtant clair et précis à ce moment-là, lui reviendrait un jour ? Non. Pourquoi un parfum de deuil accompagne-t-il cette perte ? Pourquoi ces regrets ? Ce n'étaient en somme que des sensations perdues – fugitivement retrouvées et à nouveau perdues... En fait ce n'étaient que des mots et des phrases. Pourquoi s'attrister sur des mots et des phrases perdues ? (pp. 56-75)

Parfois même, c'est le narrateur omniscient ('prescient') qui prend la parole. Chose étonnante, c'est surtout l'auto-traducteur qui, de temps en temps, se permet d'aller ainsi au devant des événements :

HTJ ø
CTJ Qu'il puisse en effet y avoir un changement dans l'ordonnance actuelle lui semblait incongru, inconcevable même. Et pourtant, c'est ce qui allait bien vite se passer. De Forest, son frère Robert allait s'installer à l'autre bout de la ville, à Woluwe-Saint-Lambert ; de Molenbeek, sa cousine allait habiter Uccle-Saint-Job ; de Laeken, Michel allait émigrer vers Vilvorde ; et tante Jeannot allait quitter sa maison de la rue Mexico ; et même eux, après un détour par la chaussée de Louvain, allaient devoir émigrer et commencer leur exil dans une autre ville. (pp. 212-213)

HTJ ø
CTJ Plus tard, il comprit que cette fascination [*sc.* pour la publicité] avait un parfum d'érotisme et qu'elle était devenue le noyau de son imaginaire et de sa vie sexuelle. (p. 222)

Une seule fois – et dans ce cas aussi, uniquement par la voix de l'auto-traducteur – l'auteur (ou si l'on veut : le narrateur extradiégétique) prend la place du narrateur adulte (intradiégétique) pour commenter, à la première personne du singulier, un changement urbain à Bruxelles :

HTJ ø
CTJ (Passant récemment, après des années d'absence, à Bruxelles, par le Botanique, je constatai avec surprise que la salle d'exposition avait disparu. « Tiens, me dis-je, c'est fini, le futur, en Belgique ? L'éternité d'Eternit n'était donc pas notre destin fatal ? » Et ne sachant si je devais le regretter ou m'en réjouir, je continuai ma route vers la Fnac.) (p. 205)

Le passage cité ci-dessus constitue la fin d'un ajout plus extensif. Celui-ci fait partie d'une réflexion plus longue sur le phénomène « Eternit » que l'on retrouve aussi aux pages 52-53 dans *Een passie voor Brussel*, guide citadin d'Eric de Kuyper paru en 1995 et écrit à la première personne du singulier. L'ajout ainsi que l'emploi du « je » auctorial dont il vient d'être question s'expliquent peut-être par la simultanéité dans la rédaction de *CTJ* et d'*Een passie voor Brussel*. Cependant, il convient d'ajouter que l'instance de l'auteur se manifestera encore plus avant dans le cycle romanesque (*Bruxelles, here I come*, pp. 217 ; 286 ; 301 ; 312-313).

4.5. Remarques conclusives

Dans ce chapitre, j'ai tenté de donner quelques exemples des différents remaniements que l'auto-traducteur s'est permis d'apporter dans le texte cible. Ces remaniements ont la particularité d'être parfaitement légitimes étant donné la situation d'unicité partagée par l'auteur et le traducteur du texte.

Tous les éléments signalés ci-dessus mériteraient d'être étudiés plus en profondeur. Ils seront cependant pris en considération par la suite uniquement dans la mesure où ils recouperont l'aspect culturel de cette œuvre, aspect central de la présente étude.

ADAPTATION CULTURELLE

> De Franse cultuur was als een vaak onzichtbaar net over hun dagelijkse doen en denken gespannen. Al spraken ze Nederlands, ze dachten Frans en voelden de fijnere emoties aan in die taal. (*Bruxelles, here I come*, p. 244)
>
> La culture française était tendue comme une toile souvent invisible au-dessus de leurs activités et pensées quotidiennes. Même s'ils parlaient en néerlandais, ils pensaient en français et ressentaient leurs plus profondes émotions dans cette langue.

Dans le cas où une grande partie des lecteurs, tant ceux du texte de départ que ceux du texte traduit, sont les compatriotes du traducteur, son rôle d'intermédiaire devient d'autant plus important. S'il s'agit en plus d'un auto-traducteur partageant les langues et cultures reflétées dans le texte à traduire, le choix entre transparence et opacité n'est pas anodin. Les solutions retenues pourraient être interprétées comme une prise de position en faveur de l'un ou de l'autre des groupes linguistiques et culturels. La question est de savoir dans quelle mesure les choix de traduction d'Eric de Kuyper sont déterminés par les attentes du lectorat cible. Tant sur le plan de la sphère culturelle (littérature, musique, cinéma, théâtre) que sur celui de la place accordée aux langues parlées dans les romans, on peut s'attendre à ce que les deux versions linguistiques des textes présentent certaines divergences dues à l'adaptation culturelle faite par l'auto-traducteur. Les chapitres qui vont suivre se proposent de vérifier cette hypothèse.

CHAPITRE 5

Un va-et-vient linguistique

> Kijk eens, dacht ik, toen ik met lezen begon, het ene woordje verschilt van het andere, het ene wordt Nederlands en het andere Frans genoemd, en toch willen ze beide hetzelfde zeggen. Wat een wonder! Het spreken van de beide talen ging eenvoudig en vanzelfsprekend. De keuze voor Frans of Nederlands hing af van de persoon en van de situatie en ook... van hoe de wind stond. Met Irma sprak je Frans, met klein Annie Nederlands en met tante Jeannot beide. Bij de welpen sprak je Frans, op school Nederlands. (*Met gemengde gevoelens*, p. 30)
>
> Tiens, me dis-je, quand je commençais à apprendre à lire, les mots sont différents les uns des autres, un mot porte le nom de néerlandais, l'autre le nom de français, et pourtant, tous deux signifient la même chose. Quelle merveille ! Je parlais les deux langues sans problème, sans même y penser. Le choix entre le français et le néerlandais dépendait de la personne et de la situation et aussi... de la position du vent. Avec Irma, il fallait parler le français, avec la petite Annie, le néerlandais, et avec tante Jeannot, on pouvait parler les deux. Chez les louveteaux, on parlait le français, à l'école, le néerlandais.

Les différents membres de la famille utilisent facilement les deux grandes langues officielles de la Belgique, le néerlandais et le français. Quant à l'allemand, troisième langue officielle du pays, son utilisation est beaucoup moins fréquente. L'anglais occupe, quant à lui, une place non négligeable, lorsque les adultes ne souhaitent pas que les enfants comprennent ce dont ils parlent. Toutefois, le noyau linguistique est néerlandophone, même si, pour la plupart des membres de la famille, le français, de façon évidente, fait partie de leur vie quotidienne.

5.1. Français et néerlandais

Bontje, grand-mère et « chef de clan », est originaire des Pays-Bas. Elle a néanmoins reçu une éducation francophone dans un pensionnat en Belgique. De ce fait, elle se sent « deux fois supérieure à son entourage » (pour désigner probablement les Flamands) : « en tant que Hollandaise (bien que vaguement) et en tant que Belge francophone » (*VO*, p. 89). Son attitude fait penser à celle de Neel Doff (1858-1942), écrivain belge de langue française, née aux Pays-Bas (Gunnesson, [2000] 2001, pp. 89-99).

Les trois filles de Bontje, bien que nées à Ostende, mettent un point d'honneur à ne pas être qualifiées d'Ostendaises mais de cosmopolites, se distinguant ainsi nettement de leurs maris originaires de cette ville (voir aussi *Drie zusters in Londen*, p. 9) :

> Leur père étant « chef de gare » elles avaient vécu aussi bien à Gand, Gand-Bruges (gare de triage), Hasselt, et même Rouen, Flessingue, Bruxelles et auraient tout aussi bien pu naître dans une de ces villes. Et puis elles avaient passé les années de guerre à Londres, non ? Elles se trouvaient bien plus cosmopolites que leurs Ostendais de maris. (*VO*, p. 98)

La mère du protagoniste, Julienne, est fortement marquée par la langue et la culture françaises. Pendant la Première Guerre mondiale, elle séjourna deux ans dans un établissement scolaire en France tenu par des nonnes. Sa sœur Jeannot a, elle aussi, une manière d'être et de s'exprimer bien française ; après que son mari Alphonse a pris sa retraite, le couple prend l'habitude de passer la moitié de l'année sur la Côte d'Azur. La sœur cadette, Mimi, est celle des trois sœurs qui est la plus profondément enracinée dans la sphère linguistique et culturelle flamande, car elle et son mari François habitent à plein temps Ostende (voir aussi *Met zicht op zee*, p. 61).

Apparemment, le protagoniste lui-même parle un français très soigné, « non embarrassé des accents du dialecte bruxellois » (*CTJ*, p. 203), et l'école où va sa sœur Annie, « établissement d'où sortait la fine fleur de la bourgeoisie flamande, parce qu'on y apprenait si bien le français » (*VO*, p. 59), se vante de jouer Racine en version originale. De même, les frères, cousins et arrière-cousins, eux aussi, semblent bien maîtriser la langue française.

Le protagoniste est le benjamin, et c'est pourquoi, très jeune, il a déjà deux belles-sœurs et, bientôt, un beau-frère. Ses belles-sœurs Irma et Annie appartiennent à chacun des deux groupes linguistiques qui nous intéressent ici, et Freddy, qui sera l'époux de sa sœur Annie, est Ostendais d'origine (« *rasechte* » selon *AZ*, p. 73, sans traduction dans *VO*, p. 96), ce qui veut vraisemblablement dire qu'il parle le patois local. Cette famille étendue présente donc une véritable mixité linguistique. La question est de savoir si la traduction reflète la même diversité linguistique que l'original.

Pour commencer, il convient d'examiner de plus près un passage qui décrit et commente précisément le plurilinguisme de la famille :

AZ	*VO*
Net als iedereen sprak ze [*sc.* tante Jeannot] een paar zinnen Nederlands afgewisseld met een paar zinnen Frans. De reden daarvan was dat sommige leden van de clan beweerden eentalig Frans te zijn, en anderen eentalig Nederlands. Dus sprak iedereen zoals het hem of haar uitkwam. Zijn eerst toekomstige, later daadwerkelijke schoonzus Irma sprak uitsluitend Frans, met om de zoveel zinnen echter een Vlaamse uitdrukking. 'Chez la kromnèkje j'ai vu un beau tissu pour une petite robe. Un rose-bonbon avec des petites fleurs jaunes. Et parce-que c'est un petit coupon, ça ne coûte que trente francs... de lopende meter...' De taalverschillen verhinderden niet dat iedereen lustig door elkaar kakelde in meertaligheid. (pp. 15-16)	Comme tout le monde, elle [*sc.* tante Jeannot] alternait les phrases en flamand avec les phrases en français. Certains membres du clan prétendaient pourtant n'être qu'unilingues. Ainsi sa première et future belle-sœur Irma ne parlait que le français, en émaillant quelquefois son discours d'une phrase dans l'autre langue. Pour souligner son argumentation (c'était une fine rhétoricienne). Ou pour universaliser son propos. « Chez la *kromnekje* j'ai vu un beau tissu pour une petite robe d'été. Un rose – un peu bonbon – mais pas trop, juste assez. Et parce que c'était un petit coupon, il ne coûte que trente francs... *de lopende meter* ». Ce qui signifie : le mètre courant. Ou plutôt, car c'est plus cocasse en flamand : le mètre galopant. Tout le monde parlait donc comme bon lui semblait ; les uns caquetaient joyeusement en bilingue, les autres en leur unilinguisme propre. Et on prenait un réel plaisir à ces pitreries langagières ! (p. 16 ; en italiques dans le texte)

Notons d'abord que l'auteur se sert de *Nederlands* pour opposer la néerlandophonie[1] à la francophonie. L'emploi de « Vlaamse » en combinaison avec « uitdrukking » peut très bien être un choix délibéré, signalant que la variante du néerlandais utilisée par la belle-sœur du protagoniste, qui en truffe son français, est de nature plutôt locale. Dans le texte français, la première occurrence de « Nederlands » est traduite par « flamand » tandis que la deuxième reste sans traduction. Quant au qualificatif « Vlaamse » placé avant « uitdrukking », son sens est rendu par l'expression neutre « dans l'autre langue ». Finalement, une occurrence de « flamand » reste sans équivalent dans l'original, ceci pouvant s'expliquer par la volonté d'effectuer un ajout éclaircissant commentant

[1] Rappelons que le néerlandais (*Nederlands*) est la langue officielle des Pays-Bas et de la Belgique néerlandophone et que le hollandais (*Hollands*) et le flamand (*Vlaams*) sont deux variantes de cette langue.

les expressions en néerlandais. L'auteur utilise donc un terme moins spécifique que l'auto-traducteur pour désigner la langue néerlandophone parlée par les personnages de roman (sur ce sujet, voir *infra*, la rubrique « Néerlandais et flamand »).

Il est également possible de constater dans le texte source une certaine redondance, restée sans traduction dans le texte cible, précisant les types d'unilinguismes (« Frans » ou « Nederlands ») pratiqué par les membres de la famille ; on lit également une phrase nous informant que la diversité linguistique ne constitue pas un obstacle au bavardage joyeux des protagonistes du roman (« De taalverschillen verhinderden niet »). Quant au texte d'arrivée, on y constate le rajout d'éléments contenant des informations nouvelles. Aucun autre traducteur que l'auteur lui-même n'aurait osé et pu affirmer que la belle-sœur du protagoniste était « une fine rhétoricienne » et que le recours à « l'autre langue » sert à « souligner son argumentation » ou à « universaliser son propos ». De même, la dernière phrase de la traduction citée ci-dessus présume un traducteur homodiégétique (qui fait partie de l'univers raconté).

Dans la citation qui illustre l'alternance codique (le mélange des langues) d'Irma, il y a aussi certaines différences. Ainsi, dans la traduction française, l'auto-traducteur fait disparaître l'information concernant le motif des roses jaunes présent sur le tissu qu'Irma a vu chez « la kromnekje ». En revanche, il précise que ce même morceau de tissu était destiné à la fabrication d'« une robe d'été » et que la couleur rose n'est pas trop « bonbon », « juste assez ». Mais la différence la plus importante entre les deux versions réside dans le fait que les lecteurs néerlandophones sont censés comprendre le français tandis que les expressions en néerlandais figurant dans la citation sont traduites et expliquées pour les lecteurs francophones. Étonnamment, seul le sobriquet *kromnekje* ('petit cou tordu') reste sans traduction ici. On retrouvera pourtant une traduction et une explication de ce surnom dans le deuxième tome du cycle (*CTJ*, p. 144).

5.1.1. Informations métalinguistiques

Les paragraphes précédents ont essayé de cerner l'identité linguistique des personnages principaux à l'aide de renseignements trouvés dans les textes étudiés. Il faut pourtant tenir compte du fait que les deux versions ne présentent pas forcément la même image. Tout d'abord, certaines informations métalinguistiques (ayant trait à la langue même) ont été supprimées dans le texte traduit. De cette façon, la situation linguistique de la famille y apparaît comme moins complexe que dans le texte d'origine. Au sujet de l'appartenance linguistique d'Irma, il est dit explicitement dans le texte de départ qu'elle parlait français avec un certain accent (« met een speciaal accent »), petit détail omis dans le texte d'arrivée :

AZ	*VO*
Zij sprak, of althans dat beweerde ze, uitsluitend Frans, met een speciaal accent. (p. 46)	Et puis Irma s'affichait comme exclusivement francophone [...]. (p. 60)

Un autre exemple d'information métalinguistique supprimée se retrouve dans le texte à l'origine de la traduction citée précédemment pour illustrer la volonté des trois sœurs de nier leur origine ostendaise. Le texte source (*AZ*, p. 74) signale que le dialecte ostendais leur était pratiquement inconnu (« Ze kenden nauwelijks het Oostendse dialect »), information qui manque dans le texte cible (*VO*, p. 98).

La tendance de l'auto-traducteur à minimiser la complexité linguistique est encore plus évidente dans un passage décrivant l'itinéraire à emprunter pour se rendre à la plage d'Ostende. Les noms des rues et des places sont indiqués en français aussi bien dans le texte source que dans le texte cible : l'habitude de la famille De Kuyper de désigner les noms de rues et des lieux ostendais en néerlandais ou en français est déjà présente dans *Met zicht op zee* (pp. 65-66). Le texte d'origine souligne même que l'emploi de la forme néerlandophone du nom de la magnifique « avenue de la Reine » aurait été à considérer comme un signe de barbarisme et de retardement mental (« achterlijk en barbaars »). Dans la traduction abrégée et neutre, cette remarque péjorative a été effacée :

AZ	*VO*
De Avenue de la Reine over. Wie die trotse laan Koninginnelaan zou hebben genoemd, zou voor behoorlijk achterlijk en barbaars worden uitgemaakt. Per slot van rekening verbond zij de zee, langs het Paard, onder de Arcades Royales door met 'Petit Paris', het pleintje waaraan om een of andere reden een frivole naam gegeven was; misschien enkel en alleen omdat het een nogal druk pleintje leek. (p. 30)	Au bout de l'avenue de la Reine, on voyait déjà la mer se profiler derrière l'arcade du Roi-cheval. (p. 40)

Dans d'autres cas, la stratégie de traduction consiste à atténuer l'effet de certains énoncés plus spécifiques dans le texte d'origine. Les extraits de texte cités ci-dessous décrivent l'idiolecte d'un jeune étudiant en musique, Franz, qui habita pendant une certaine période chez la famille du protagoniste : cette description se fait en termes plus génériques dans le texte cible que dans le texte source. La province dont Franz est originaire, le Limbourg, est une province belge située dans la plaine campinoise (la Campine), ce qui explique la traduction de « Limbourg » par

« Campine ». L'auto-traducteur choisit donc de définir l'origine de ce jeune homme d'un point de vue plus géographique que l'auteur ne le ne fait. Le type de dialecte, « Limburgs dialect », est rendu par « campinois », terme plutôt vague, et la précision « quasi-Westvlaams » est remplacé par une explication détaillée mais dont la définition est moins exacte (« leur parler flamand de la côte, déjà très dilué ») :

HTJ	*CTJ*
Na de klarinet volgde tenslotte de piano, met Franz, die uit Limburg afkomstig was en bijzonder komisch sprak omdat hij zijn Limburgs dialect vermengde met een quasi-Westvlaams. (p. 159)	Ensuite vint Franz, qui, lui, n'était pas de la famille et ne venait pas de la côte, mais de Campine. Il était le plus drôle de tous les trois, d'autant qu'il parlait un patois qu'il s'était fabriqué lui-même : un mélange de son campinois et de leur parler flamand de la côte, déjà très dilué. (pp. 47-48)

Il convient pourtant de signaler que la traduction ajoute certaines informations métalinguistiques plus précises : ainsi d'un extrait racontant comment le petit garçon, accompagné de deux camionneurs, voyage jusqu'à Ostende, ces derniers parlant un dialecte flamand (la précision *flamand* ne se retrouve que dans le texte traduit) différent du sien. Le texte source rend compte de la confusion linguistique ressentie par le garçon dans un récit neutre, tandis que le texte cible la commente – à travers le narrateur homodiégétique en discours indirect libre :

HTJ	*CTJ*
En zo begonnen ze hun dialect te vergelijken, en dat bracht de conversatie goed op dreef. (p. 181)	Alors ils se mirent à comparer leurs dialectes flamands, ce qui fit démarrer la conversation. C'était drôle de parler le flamand et de ne pas se comprendre. (p. 75)

5.1.2. Bilinguisme

Certains petits ajustements réalisés lors de la traduction contribuent à rendre le bilinguisme moins évident et même parfois à le faire disparaître. Ainsi, quelques lignes nous informent que la mère du garçon, après le décès de son mari, modifia sa signature pour mettre en évidence son statut de veuve. Dans le texte d'origine, elle signe « in beide talen », ('dans les deux langues'), cette précision étant supprimée dans le texte traduit :

HTJ	*CTJ*
Haar handtekening had ze [*sc.* de moeder] gewijzigd door in beide talen de weduwstaat voor haar naam te plaatsen. (p. 208)	Après le décès de son mari, elle [*sc.* la mère] avait changé sa signature, en faisant précéder son nom de son statut de veuve. (p. 102)

Et dans l'original, on remarque que les marques de boisson alcoolisées sont spontanément désignées en néerlandais, ou en français. Chose banale, dirait-on, mais dans la traduction, « Oostendse Klare » devient « Genièvre d'Ostende » :

AZ	*VO*
Eens per week trok tante Mimi naar het centrum om in een speciale zaak een voorraad in te slaan van 'Oostendse Klare' of 'Vieil Anvers', die ze tussendoor ter afwisseling dronken.	C'est ainsi que tante Mimi s'y rendait une fois par semaine pour faire ses achats de Genièvre d'Ostende et d'Élixir d'Anvers, qu'ils buvaient pour alterner avec la bière.

Paradoxalement, il arrive même à l'auteur de traduire en français dans le texte d'origine. Dans le premier exemple ci-dessous, il complète, en orthographe française (« Botanique »), le nom néerlandophone d'un parc bruxellois, « de Kruidentuin ». Précisons toutefois qu'ailleurs dans le texte, le nom de ce parc est écrit en orthographe néerlandaise « de Botaniek ». Un deuxième exemple est encore plus remarquable : « huismoeder », mot néerlandais peu compliqué, est traduit en français (« mère au foyer »), y compris dans le texte d'origine :

HTJ	*CTJ*
Voorbij deze bocht strekte zich in een dal het centrum uit, omkranst door de bomen van de Kruidentuin (de Botanique) en begrensd door het oude Noordstation. (p. 268)	Au tournant, le centre de la ville s'étalait devant eux, dans le bas, avec en bordure les jardins du Botanique et la vieille gare du Nord. (p. 169)

HTJ	*CTJ*
Ze [*sc.* de moeder] beweerde dat ze huismoeder (mère au foyer) van beroep was en vond dat dit maar als zodanig gehonoreerd moest worden. (p. 285)	Elle [*sc.* la mère] prétendait qu'elle était une « mère au foyer » par profession et voulait être reconnue dans cette fonction. (p. 183)

Si la « fonction » de la mère du protagoniste est francisée, cela vaut également pour la tante Jeannot. Ses énoncés se caractérisent surtout par la présence de phrases françaises entremêlées, ce qui ne gêne manifestement pas son mari Alphonse. D'une conversation rapportée dans *HTJ*, il ressort que le mari ne relève pas le changement de langue de sa femme et continue la conversation en néerlandais. Cette alternance codique se perd dans la traduction, où la réplique d'Alphonse est rendue en français :

HTJ	*CTJ*
En wanneer nonkel Fons een opmerking maakte over een of ander mankement, zei ze luchtig: 'c'est pour faire plus naturel!' Nonkel Fons stond reeds bij de deur te wachten en deed alsof hij ongeduldig was: 'Jeannot, trek je broek aan, we gaan de stad in!' (p. 263)	Et quand oncle Alphonse lui faisait une critique concernant un détail un peu fantaisiste, elle répondait : « C'est pour faire plus naturel ! » Il faisait semblant de grogner et de s'impatienter : « Jeannot, mets ta culotte, on va en ville ! » (p. 162)

Il est évident que l'auteur et l'auto-traducteur regardent différemment la capacité de leurs lecteurs à déchiffrer les marqueurs exprimés à l'aide d'une autre langue. Un exemple extrême en est le belgicisme *chicon*, qui figure aussi bien dans le texte original que le texte traduit. Ce qui est curieux n'est pas tellement l'absence de la traduction en néerlandais ('witlof') dans le texte source mais plutôt la traduction en français standard (« endive[s] ») dans le texte cible – à l'adresse des lecteurs français, probablement :

HTJ	*CTJ*
Dat [*sc.* Suiker] kan wel eens lekker zijn in de 'chicons' en een lepeltje bij de worteltjes wordt zelfs in de beste keukens aanbevolen. (p. 143)	Dans les « chicons » (endives), une petite pincée [*sc.* de sucre] n'est pas inadmissible, et dans les petits pois et carottes, « cela relève », disaient les mères. (p. 25)

Les connaissances en langues exigées des lecteurs néerlandophones et francophones ne sont donc pas les mêmes, ce qui est corroboré par plusieurs autres extraits comparés.

Tandis que le texte source fourmille de titres, de citations et de dialogues en français (le plus souvent sans traductions ni explications), les occurrences en néerlandais dans le texte cible sont clairsemées. Celles qui y figurent sans traduction sont principalement les noms de bâtiments et d'institutions : « la Centraal Station, [...] le Stedelijk Museum, [...] le Concertgebouw » (*VO*, pp. 106-107) ; le lycée Maria Boodschap est nommé deux fois sans être traduit (*CTJ*, pp. 95, 98), mais les nonnes dirigeant cette école sont appelées « [l]es sœurs de l'Annonciation » (*CTJ*, p. 98), ce qui permet d'expliquer le nom du lycée. Mais le signe que l'auto-traducteur n'est pas toujours conséquent dans ses choix est que le nom de cette institution a déjà été cité deux fois, et traduit en français (*VO*, p. 59). En ce qui concerne les éléments de la vie quotidienne comme la nourriture, cette inconstance est aussi présente : ainsi le terme « sprot[jes] » figurant trois fois dans *HTJ* (pp. 252-254) est rendu dans le texte français deux fois par « sprots » (*CTJ*, p. 152), avant d'être explicité par « harengs fumés » la dernière fois (*CTJ*, p. 153). Pourtant, on retrouve dans le texte traduit certains lexèmes isolés de caractère spécifique, comme *knotwilg* ('saule taillé en têtard') (*CTJ*, p. 77), et le « zeitje » dialectal a droit de cité tant dans l'original que dans la traduction. Les réflexions linguistiques citées ci-dessous sont faites par le petit garçon au cours de son voyage ostendais en compagnie des deux camionneurs dont il a déjà été question précédemment :

HTJ	*CTJ*
Hij kon Angèle beter verstaan dan Mariëtje. Ze sprak over 'het zeitje' en hij wist meteen dat ze daarmee de zee bedoelde. (p. 183)	Le patois d'Angèle lui semblait plus compréhensible que celui de la petite Mariette. Quand elle parlait de la « zeitje », il comprenait qu'elle parlait de la mer. (p. 77)

De plus, le nom du quartier ostendais (« Hazegras »), où retournent la mère et les tantes après la guerre, est retranscrit dans sa forme néerlandophone aussi bien dans la traduction que dans l'original. Pour expliquer ce terme dans la version française, l'auto-traducteur ajoute une explication détaillée en français : « le quartier où pousse l'herbe à lièvre ». Le texte source est donc plus concis et plus neutre que le texte cible qui, de manière plus expressive, laisse comprendre que les trois sœurs n'apprécient guère le retour à « het kleinburgerlijke bestaan », (une expression restée sans traduction ici, mais qui plus loin dans le texte d'arrivée, est traduite par « cette vie petite-bourgeoise de province » :

HTJ	*CTJ*
En toen de oorlog voorbij was, keerden ze terug naar Oostende (meer bepaald: naar het Hazegras), naar het kleinburgerlijke bestaan van dochters van een stationschef, met Bontje als matrone. (p. 210)	La guerre finie, elles étaient retournées avec leurs parents à Ostende. Pire : même pas à Ostende, mais dans le quartier nommé « Hazegras » (littéralement : le quartier où pousse l'herbe à lièvre ; ça en disait assez). Les trois filles d'un chef de gare avec Bontje, la matrone. (p. 106)

Ces occurrences en néerlandais dans le texte d'arrivée sont toutefois l'exception à la règle observable généralement, celle-ci étant que le néerlandais de l'original est traduit ou paraphrasé en termes généraux ; certains éléments étant tout simplement supprimés. Dans *AZ*, une réflexion sur le rôle important joué par la mer, pour la famille et les Ostendais en général, se termine par une comptine en néerlandais. La même réflexion se retrouve dans *VO* (p. 108), mais sans la petite comptine sur le voyage en bateau que chantent les petites filles en sautant à la corde :

AZ 'Bootje varen over de zee, Annetje (of Marietje of Odètje of...) kom je mee', zongen de meisjes in hun springtouw. (p. 83)
VO ø

5.1.3. Dialecte

Comme nous l'avons déjà constaté, un procédé de traduction courant consiste à modifier le niveau de style des dialogues en effaçant les traits familiers et dialectaux. Autrement dit, le dialecte, le sociolecte et l'idiolecte sont fondus en une langue standard moins expressive.

De l'original néerlandophone, il ressort que les membres de la famille se parlent très souvent dans un dialecte particulier, ce que l'on pourrait appeler un familiolecte. Ceci est illustré par une conversation entre la mère du garçon et tante Emma. Les deux femmes, et tout particulièrement Emma qui parle le plus, s'adonnent à un langage pour le moins relâché qui, dans le texte traduit, a perdu beaucoup de son originalité. Le belgicisme *une fois*, au début du discours de tante Emma, signale un certain écart par rapport à la langue standard. Cet écart reste cependant unique dans ce dialogue qui ne s'écarte que peu du français conventionnel (« ne voilà-t-il pas » et le « dire » répétitif). Comme c'est si souvent le cas, le foisonnement verbal du texte cible est dû aux ajouts explicatifs reposant sur l'autorité auctoriale du traducteur :

HTJ	*CTJ*
Elk verhaal begon steeds met een spannende aanhef: 'Julienne, nu moet je eens luisteren naar wat ik deze week en meegemaakt!...' 'Je zoe me nie geloven, Julienne...' of 'èn-ik je vorige week nie gezeid...', waarop dan een zeer ingewikkeld verhaal volgde waarvan hij onvermijdelijk precies op het hoogtepunt de draad kwijtraakte: 'En 'k zei j -er nog, 'k zei j-er nog te zeggen dat 'k gezei èn da-je nie moest zeijen dat 'k er het gezeid èn! En toch zeij-ze... Wa zei je doar nu van Julienne? Je goa me toch nie zeggen...' In één adem en staccato. Julienne zei niets. Of 'janverdekke, 'k krieg dat hemd nie goed!' Waarop tante Emma antwoordde: Julienne, 'k èn je toch al duzend keiren laoten zien hoej e een hemd moe strieken... kiek noa mi'n... zo en dan zo...', waarop zij de daad bij het woord voegde. Daarna nam ma het strijkijzer weer van haar over: 'Als jij begunt te strieken krieg 'k èt op m'n zenuwen! Natuurlijk kan je goed strieken, maar je striekt als een muul op e schildpad.' (Muilezels op schildpadden zijn naar bekend heel trage dieren!) (p. 145)	Tous les mardis, chaque nouvel épisode commençait par une exhortation très prometteuse : « Julienne, maintenant tu dois une fois entendre ce que j'ai de nouveau vécu comme calvaire cette semaine. » Ou : « Tu ne vas pas croire ce que je vais te raconter, Julienne, mais c'est pourtant vrai. Figure-toi que... » Ou, autre variante : « Est-ce que je ne te l'avais pas dit la semaine dernière ? Eh bien, imagine-toi que cette semaine, c'était jeudi, non, vendredi... » Sa mère respirait un bon coup ; on était parti pour quelques heures. Suivait invariablement une histoire très compliquée, dont il avait du mal à suivre le fil (car, en même temps, il devait tenter de faire ses devoirs et d'apprendre ses leçons), surtout au moment où tante Emma entamait d'un seul souffle, et staccato, son grand air du « dire » : « Et je lui disais encore, je lui disais encore qu'elle devait dire que je lui avais dit qu'elle ne devait pas dire que je le lui avais dit ! Et ne voilà-t-il pas qu'elle DIT : je DIS. Qu'est-ce que tu en dis Julienne ? Ne me dis quand même pas que... » Julienne ne disait rien.

	Ou elle disait : « Crénom de petit crénom, je ne parviens pas à repasser cette foutue chemise comme il faut ! » Tante Emma intervenait alors : « Julienne, je t'ai quand même déjà montré cent fois comment tu devais repasser une chemise avec des manchettes. Laisse-moi faire. Regarde-moi : comme ça, et puis comme ça. Tu vois comme c'est simple ? Mais je ne comprends pas pourquoi tu ne veux pas employer de planche à repasser, c'est cent fois plus facile. » Mais sa mère lui reprenait bien vite son fer des mains : « Quand tu te mets à repasser, Emma, tu ne peux pas t'imaginer comme ça me tape sur le système. Évidemment que tu sais bien repasser, mais à cette allure, moi je n'y arriverai jamais. Tu repasses comme "la mule du pape sur la tortue de l'évêque" ! » (expression maison de sa mère qui signifie « excessivement lentement ». Car, comme on sait, une mule se tenant *sur* une tortue qui, chargée de ce poids, avance bien péniblement, est par excellence l'image même de la lenteur). (pp. 28-29 ; en italiques dans le texte)

De même, dans l'exhortation de tante Jeannot citée ci-dessous, le français neutre de la traduction fait disparaître la coloration dialectale présente dans le texte d'origine (dans celui-ci, la tante Jeannot s'adresse à sa sœur Julienne à l'occasion d'un dîner familial) :

HTJ	*CTJ*
('Neen Julienne, 'k heb je nie nodig; bluuf maar mooi zitten, je doe al genoeg thuus. Ik roep je wel voor de mayonaise.') (p. 274)	(« Non, Julienne, reste, je n'ai pas besoin de toi. Tu fais déjà assez chez toi à la maison. Je t'appellerai pour la mayonnaise. ») (p. 176)

L'ambition qu'a l'auto-traducteur d'aplanir le texte à destination des lecteurs francophones est encore plus évidente dans l'exemple ci-dessous, où un passage, à l'origine un discours direct utilisant le dialecte savoureux des oncles ostendais, est traduit en termes généraux dans un récit neutre :

AZ	*VO*
Een tijd lang was je de kaartende mannen vergeten, maar dan schoten ze ineens overeind en schreeuwden op z'n Oostends : 'kèje toch gezeid daje de pikke nie moest speile. Zije geilegaons van lotje getikt…' (p. 48)	Pendant tout un temps, la présence des joueurs se laissait oublier. On sursautait d'autant plus quand ils se mettaient à émettre leurs cris de guerre, suivis habituellement d'une tirade dans leur patois ostendais, d'invectives et de jurons divers. (p. 62)

Dans la citation suivante, la présence d'un mot dialectal flamand est exceptionnellement permise dans le texte cible. Le mot prend alors une forme modifiée tout en étant accompagné d'un grand nombre d'explications et d'informations supplémentaires. Pour plus de sûreté, l'autotraducteur souligne particulièrement qu'il s'agit de vocables d'origine familiale, dont un est même qualifié de juron barbare. Si le texte source est concis et neutre, c'est que le lecteur est censé le comprendre sans explication ; tout le discours direct, et non pas uniquement le mot pour désigner l'*oignon*, appartient au registre familier et dialectal. Le texte traduit, en revanche, est riche en mots et expressif, mais relève du registre du français standard, exception faite des variantes modifiées (francisées ?) d'*ajuin* 'oignon' :

HTJ	*CTJ*
'Voor de Kuppers is juun altied goed. Juun met juun, en ze zin kontent.' ('juun', dat zeiden de Cornellies; de Kuppers daarentegen spraken van 'andszjouns'.) (p. 144)	– Pour les Kupper, des « djunnes » sont toujours bons ; on leur servirait des « djunnes avec des djunnes », ils seraient encore contents ! (Dans le patois des sœurs Cornellie, on appelait les oignons des « djunnes » ; dans celui des « Kupper », par contre, c'était comme un juron, qui donnait plus ou moins « annèdjouness ». Les préparer suffisait amplement et dispensait de les appeler de ce nom barbare.) (p. 27)

Le bout de chanson cité ci-dessous est également traduit en français standard dans le texte d'arrivée, mais il convient de noter qu'il y figure aussi sous sa forme dialectale :

HTJ	*CTJ*
(Er was een bekend Brussels liedje dat deze gebeurtenis tot onderwerp had. Het heette 'Luup, luup, de gardevil is doe'.) (p. 308)	(Il y avait une chanson en bruxellois qui célébrait cette « peur du gendarme » par ces mots : « Luup, luup, de gardevil' is doe », « Courons, courons, car voici le gendarme ! ») (p. 209)

5.1.4. Jeux de mots

La divergence culturelle des deux textes est essentiellement due à deux éléments : l'effacement du néerlandais, et en parallèle le renforcement de la présence du français dans le texte cible. Le fait que le texte en français comporte certains ajouts linguistiques sans équivalent dans le texte en néerlandais renforce cette différenciation. Il s'agit parfois de calembours qui n'auraient pas eu de sens en néerlandais, comme dans le passage qui montre le protagoniste et son arrière-cousine Nicole, tous deux du même âge, rentrer de la plage. Pour avoir l'impression de parcourir vite et facilement un trajet ennuyeux, ils marchaient en sautillant, en chantant et en riant et disaient ne pas comprendre pourquoi les autres ne faisaient pas de même :

> *AZ* ø
> *VO* Mais les petits étaient trop petits et les grands trop grands pour pouvoir suivre leur exemple.
> – Ils ont « l'âge ingrat », disait Nicole.
> – Nous, on a de la chance, nous on a l'âge « gras » !
> Ils pouffaient de rire, car ils étaient tous deux maigres comme un clou ! (p. 44)

Un peu plus loin dans le texte, c'est René, le cousin du protagoniste et le père de Nicole, qui joue avec les mots. Cette fois, il s'agit des effets nuisibles du soleil et de la peau qui se décolle :

> *AZ* ø
> *VO* (Selon René qui aimait beaucoup les jeux de mots, pataquès et autres obscénités langagières, ils avaient la « pécole », c'est-à-dire « la peau de cul qui se décolle ».) (p. 55)

La mention de la marque de patrons « Émile Bru », manifestement connue tant des néerlandophones que des francophones, donne lieu à une digression en forme de calembours – destinée uniquement aux lecteurs francophones :

> *HTJ* ø
> *CTJ* La combinaison de ce prénom (Émile) avec ce nom de famille (Bru) semblait contenir la promesse d'autre chose que de la simple élégance vestimentaire. Car quelle jeune fille n'aurait pas souhaité un « Émile » pour mari et, par le fait même, devenir « Bru » elle aussi ? Les deux noms, qui promettaient un mariage heureux, devaient aussi avoir un attrait particulier pour sa sœur. (pp. 205-206)

Par de tels clins d'œil linguistiques se crée un sentiment de connivence entre l'auto-traducteur et le lecteur, qui peut ainsi se reconnaître dans un monde solidement ancré dans la langue et la culture françaises.

5.2. Néerlandais et flamand

Le fait que l'auto-traducteur semble être plus politiquement correct que l'auteur dans le choix du terme définissant la langue parlée par les néerlandophones a déjà été mentionné. Prenons un passage ayant trait à une émission radiophonique à laquelle participent le personnage principal et sa famille. Parmi les participants l'on compte des représentants des deux groupes linguistiques francophone et néerlandophone. Pour définir leur appartenance linguistique, l'auteur choisit les termes génériques « Franstalig », « Nederlandstalig ». Pour sa part, l'auto-traducteur emploie à deux reprises l'hyponyme « flamand[es] » au lieu de ses hyperonymes (*néerlandais*, *néerlandophone*). La première occurrence contribue à préciser la traduction du syntagme « beide talen ». La deuxième occurrence, quant à elle, constitue l'un des pôles d'un couple d'opposition, l'autre pôle étant « francophones ». Le texte traduit modifie ainsi l'équilibre de ce couple : la langue française est évoquée au sens générique, tandis que la langue néerlandaise est définie comme une variation régionale. Les deux extraits, mis ensemble ci-dessous, font partie des nombreux déplacements de textes effectués par l'auto-traducteur :

HTJ	*CTJ*
De man sprak beide talen door elkaar, naargelang de gezinnen Frans- of Nederlandstalig waren. (p. 317)	En plus, l'homme de radio passait du flamand au français, selon que les familles étaient flamandes ou francophones, car le programme était « bilingue ». (p. 218)

Après un examen plus approfondi, il est possible de trouver des explications aux différents choix faits par l'auto-traducteur entre les termes *néerlandais* et *flamand*. Mais rappelons que l'auteur aurait très bien pu faire la même distinction – il l'a faite ailleurs.

Dans les exemples suivants, le terme générique « Nederlands » est traduit par le terme spécifique « flamand ». Dans les deux premiers, il s'agit de la langue parlée, dans le troisième d'une variante écrite se distinguant de la forme écrite courante. À la différence du texte néerlandais, le texte français précise qu'il s'agit d'une traduction. Dans le texte source, la langue en question est dénommée « Dietsch » (la langue vernaculaire parlée par les peuples germaniques au Moyen-Âge), et « Boche » dans le texte cible :

AZ	*VO*
Net als iedereen sprak ze [*sc.* tante Jeannot] een paar zinnen Nederlands afgewisseld met een paar zinnen Frans. (p. 15)	Comme tout le monde, elle [*sc.* tante Jeannot] alternait les phrases en flamand avec les phrases en français. (p. 16)

HTJ	*CTJ*
Van Latijn ging ze [*sc.* de moeder] over op Nederlands, Frans en Engels. (p. 135)	Elle [*sc.* la mère] sautait sans peine du latin au français, et du français au flamand et à l'anglais. (p. 16)

HTJ	*CTJ*
Het verhaaltje was in het Nederlands geschreven, maar er kleefde een vreemde geur aan, die wel 'Dietsch' geweest zal zijn. (p. 230)	En fait, c'était l'histoire d'un marionnettiste, traduite en flamand, mais le bouquin sentait le Boche. (p. 127)

Dans un autre exemple, au contraire, l'auto-traducteur choisit de traduire « Nederlands » par son équivalent direct « néerlandais ». La raison pourrait en être qu'il est cette fois question de l'apprentissage de la langue standard :

HTJ	*CTJ*
Het was weer eens bewezen dat de meiden van de nonnen op het vlak van Grieks, Latijn, Nederlands èn Frans niet te verslaan waren. (p. 201)	La preuve était à nouveau donnée que les filles des sœurs de l'Annonciation étaient inégalables quant à la connaissance supérieure du grec, du latin, du néerlandais et du français. (p. 98)

Ci-dessous, l'auteur a encore recours à l'hyperonyme « Nederlands ». Si l'auto-traducteur traduit fidèlement ce terme en « néerlandais » dans la citation suivante, il se sert aussi de l'hyponyme « flamand ». Une hypothèse est la différentiation entre la langue néerlandaise écrite et la langue parlée. Le terme spécifique « flamand » indique ici une variante régionale de la langue principale néerlandaise, nuance implicitement contenue dans la formule « die twee talen » ('ces deux langues') dans l'original :

HTJ	*CTJ*
Hij kwam er ook vrij snel achter dat je het Nederlands anders diende te ontcijferen dan het Frans, een aanpassing die hem niet zo heel veel moeite kostte, omdat hij door het spreken van die twee talen reeds een sleutel bezat. (p. 205)	Il découvrait qu'il fallait déchiffrer le néerlandais d'une autre façon que le français ; la clef de ce mystère lui était déjà donnée, puisque parler français aussi était différent de parler flamand. (p. 100)

Ce modèle d'explication est appuyé par plusieurs autres occurrences : ainsi, lorsque le jeune protagoniste est complimenté pour sa maîtrise de la langue française, sa réponse à la question de savoir s'il est d'origine francophone (ou même « français ») est : « Non, […] d'expression flamande ».

HTJ	*CTJ*
Het werd hem trouwens ook gezegd: 'Un petit français ?' 'Non madame, je suis d'expression flamande', waarop dan onvermijdelijk 'ahs' en 'ohs' volgden [...]. (p. 304)	On le lui faisait aussi remarquer quand on le prenait pour quelqu'un d'expression française et qu'il devait corriger « Non, madame, d'expression flamande », correctif suivi par diverses exclamations de surprise [...]. (p. 204)

Un autre exemple renforçant cette hypothèse se retrouve dans un extrait ayant trait aux habitudes radiophoniques de la famille, qui écoute surtout des émissions francophones ; certaines particularités linguistiques manifestées dans les émissions néerlandophones sont alors sujet à discussions ou à moqueries. Dans ce cas précis, il s'agissait d'une variation du néerlandais, ni dialecte ni régiolecte, appartenant plutôt au registre soutenu, tout en étant marqué par des expressions flamandes (De Vries, Willemyns & Burger, 1994, pp. 186-187). Le terme spécifique (« Vlaams », « flamand ») est donc préféré et figure dans les deux versions :

HTJ	*CTJ*
Zijn moeder beweerde dat zij de Vlaamse radio met zijn 'schoon-Vlaams' niet verstond. (p. 322)	Sa mère prétendait qu'elle ne comprenait pas bien la radio flamande avec son parler flamand distingué. (p. 224)

Comme cela a déjà été indiqué, il est difficile de dire s'il s'agit de choix délibérés ou bien de choix non réfléchis. Cette dernière hypothèse pourrait toutefois être corroborée par le fait que de telles inconséquences sont présentes dans d'autres cas, comme par exemple celui de *Frans, Franstalig* ('français', 'francophone'). Dans l'exemple ci-dessous, « de Franse omroepers » devient « un speaker francophone », alors que « de Franstalige radio » est rendu par « les postes français » :

HTJ	*CTJ*
Dan gebeurde het wel eens dat de vaste en zekere stem uitgleed. Voor de Franse omroepers was het moeilijk om de Vlaamse titels correct uit te spreken. [...] Thuis luisterden ze alleen naar de Franstalige radio. (p. 322)	Cependant, quelquefois, forcément, un dérapage se produisait quand, par exemple, un speaker francophone devait prononcer un titre flamand. [...] À la maison, ils n'écoutaient que les postes français. (p. 224)

Malgré les tentatives d'explication avancées ci-dessus pour essayer de justifier les choix faits par l'auto-traducteur, la conclusion qui semble s'imposer est qu'en désignant la langue des personnages néerlandophones, l'auto-traducteur est moins politiquement correct que l'auteur. Celui-ci, pour sa part, va sans doute au devant des attentes et des exigences d'un grand nombre de lecteurs néerlandophones. Les lecteurs francophones, en revanche, ne sont probablement pas sensibles à cette question de terminologie. Pour eux, le mot *flamand* est peut-être même moins ambigu que le mot *néerlandais*, qui fait plutôt penser aux Pays-Bas.

5.3. En anglais dans le texte

Finalement, il convient de commenter brièvement le rôle joué par l'anglais dans ces romans. Comme on l'a déjà évoqué, l'anglais fait fonction de langue de connivence entre les adultes lorsque ceux-ci souhaitent garder les conversations ignorées des enfants. Mais ce qui est plus important est le rôle non négligeable de la sphère culturelle anglophone, qui constitue un point de référence important tout au long de ces souvenirs. Un grand nombre de titres d'œuvres littéraires, cinématographiques et musicales est ainsi indiqué en anglais. Dans l'original néerlandophone, ceux-ci apparaissent en règle générale tels quels, sans traduction. Exceptionnellement, il arrive à l'auteur de traduire un titre de roman anglais en français. Cela est d'autant plus remarquable que le roman en question existe en traduction néerlandaise sous le titre *Voordeliger per dozijn*. La phrase citée ci-dessous est sans équivalent dans le texte traduit, mais le titre du livre y figure un peu plus loin (*VO*, p. 84) – uniquement en français :

> *AZ* In *Cheaper by the dozen* (in het Frans *Treize à la douzaine*), het verhaal van een Amerikaans gezin met twaalf roodharige kinderen, had hij gelezen hoe de amandelen er thuis door de vader, die arts was, aan de lopende band uitgehaald werden. (p. 65)
> *VO* ø

Dans la version francophone, en revanche, les titres sont souvent directement écrits en français, en général sans la précision du titre anglais. Dans l'exemple qui suit, la traduction française du texte cible comporte en outre un dialogue en anglais, directement traduit en français, alors que ce même dialogue était écrit en anglais dans le texte source :

HTJ	*CTJ*
In THE RED SHOES vraagt de dansproducer (die in de film Diaghilev moet voorstellen) aan de debuterende ballerina: 'Why do you want to dance?' Zij antwoordt hem met de tegenvraag: 'Why do you want to live? (p. 174)	Dans Les Chaussons rouges, qu'il avait vu deux ou trois fois, Boris Lermontov, le grand producteur qui dans le film personnifie Diaghilev, interroge la danseuse débutante sur sa motivation : « Pourquoi voulez-vous faire de la danse ? » et elle répondait à sa question par cette autre question : « Pourquoi voulez-vous vivre ? » (p. 67)

Ce ne sont donc pas seulement des titres brefs mais aussi des textes plus complets en anglais que les lecteurs néerlandophones sont censés comprendre. Ils doivent même parfois déchiffrer une grande masse de texte, de complexité variable et souvent considérable. La réflexion suivante sur la mer est citée sans traduction dans le texte source mais uniquement en français – et considérablement abrégée – dans le texte cible :

AZ	*VO*
Zonet was hij nog verdiept geweest in Jonathan Rabans Coasting [...]. 'For however thoroughly you may brick-up the land, there's nothing much that you can do to the sea except humbly chart it. You can fiddle about on its edge building groynes and floodwalls and breakwaters, but the sea will not be civilised. Even the most household corridor of sea is a very wild place indeed. (…) Here really are frightful appearances to the right and left, wild scenery, awful chasms, monstrous high hills with a kind of unhospitable terror in them. This is wilderness (…).' (p. 82)	Il venait tout juste d'émerger de l'évocation de la mer par Jonathan Raban [...]. « La mer ne se laissera jamais civiliser... même la passe la plus banale est un lieu barbare... Dans ce paysage sauvage, à gauche et à droite, s'ouvrent des abîmes monstrueux, se découvrent des montagnes horrifiantes. C'est la jungle. » (p. 107)

De manière semblable, le passage suivant suppose une meilleure compréhension linguistique et culturelle chez les lecteurs néerlandophones que chez les lecteurs francophones. Il fait partie d'un épisode racontant comment, à la fin de la Seconde Guerre mondiale, un soldat canadien offrit des bonbons au petit garçon – leur nom, *Life Saviors*, étant indiqué dans les deux versions. Or, excepté la description de leur forme, avec un trou au milieu et enroulés sur eux-mêmes, le texte de départ n'en fournit aucune traduction ni explication. Le texte d'arrivée, quant à lui, traduit le nom (« bouées de sauvetage ») en avançant deux explications, dont une relève plutôt de l'étymologie populaire :

HTJ	*CTJ*
Hij had hem als afscheidscadeautje een rolletje Life Saviors gegeven, zuurtjes met een gaatje in het midden. (p. 307)	En guise d'adieu et de souvenir, il lui avait offert des Life Saviors, des bonbons acidulés en forme de « bouées de sauvetage » (de là sans doute leur nom en anglais, mais on peut aussi confondre et mal comprendre car Life Savour signifie : le goût de la vie). (p. 207)

La présence de l'anglais est donc nettement plus importante dans le texte d'origine que dans le texte traduit : seules des phrases peu compliquées et bien connues figurent dans le texte cible sans traduction : « *How nice !* » (*VO*, p. 133), « *Once again, all together* » (*VO*, p. 134), « *I am loving you* » (*CTJ*, p. 34), et ainsi de suite. Mais le plus souvent, toute occurrence en anglais est suivie d'une traduction ou d'une explication en français :

HTJ	*CTJ*
'They were young, and in love with art.' (p. 159)	« They were young and in love with art » (Ils étaient jeunes et amoureux de l'art). (p. 48)

HTJ	*CTJ*
Onverminderd gold: 'War is in the air'. (p. 178)	Sans cesse, on s'attendait à la guerre. « War is in the Air », il y avait de la guerre dans l'air. (p. 71)

HTJ	*CTJ*
Een ongekende blik die ze als kind nooit gehad hadden en die zei: *forever, never and never more.* (p. 243 ; en italiques dans le texte)	C'était un regard tout nouveau, un regard qu'ils n'avaient pas connu avant, avant quand ils étaient encore gosses. Un regard qui disait : *forever, never and never more.* Pour toujours, jamais et jamais plus. (p. 139 ; en italiques dans le texte)

HTJ	*CTJ*
Hij was bang geweest dat het zou verlopen 'not with a bang, but with a whimper'. (p. 339)	Il avait eu peur que cela se passe « not with bang but with a whimper » (« non avec un éclat mais dans une plainte »). (p. 243)

Exceptionnellement, on trouve dans la version française une occurrence en anglais sans équivalent dans l'original néerlandais, comme « Fish and Chips » (*CTJ*, p. 219) ou la formule « Tea like mother makes it » ci-dessous :

AZ	*VO*
Overal hingen bordjes met 'English Tea' en 'English Breakfast' (een van de eerste Engelse woorden die hij had leren lezen). (p. 99)	Partout était affiché : *English Tea, Tea like mother makes it* et *English Breakfast.* (p. 133 ; en italiques dans le texte)

Mais il s'agit là d'exceptions confirmant la règle, l'auteur et l'autotraducteur regardant le plus souvent différemment, chez leurs lecteurs respectifs, la volonté de et la capacité à appréhender des éléments linguistiques étrangers. Ce qui a été indiqué précédemment au sujet de l'anglais renforce encore l'impression que le texte d'arrivée ne reflète pas pleinement la diversité linguistique et culturelle communiquée par le texte de départ. Le filtre de la langue française contribue ainsi à annexer la réalité romanesque en l'adaptant aux attentes et au monde conceptuel des lecteurs francophones.

CHAPITRE 6

Littérature et lectures

La littérature et les lectures occupent une place importante dans la vie de la famille du roman. La mère lit beaucoup, et elle ne censure pas les lectures de son fils. À l'âge de dix ans – l'indication de l'âge n'est donnée que dans la traduction (*VO*, p. 49) – et grâce à la bibliothèque américaine installée sur la digue d'Ostende, le garçon découvre la littérature d'outre-Atlantique. Il est alors fasciné par la gentillesse de la jeune femme américaine qui se trouve à l'accueil, et qui est tout le contraire des employés « à l'air revêche » de la bibliothèque communale qu'il découvrira plus tard. Il est nécessaire de préciser que l'auto-traducteur a effectué d'importants déplacements dans le texte. Pour faciliter la comparaison, les extraits ont été remis ensemble ci-dessous.

La traduction française souligne que l'accès aux livres est libre et gratuit, chose uniquement sous-entendue par l'original. Il ressort de la comparaison des deux versions que le protagoniste lit les livres en français, le texte de départ expliquant qu'il s'agissait de traductions de romans américains :

AZ	*VO*
Er waren ook veel romans in kleurrijke omslagen. De namen en titels zeiden hem niets. Meestal waren het Franse vertalingen van Amerikaanse romans. (pp. 36-37)	Il y avait aussi beaucoup de romans aux couvertures attrayantes. Les titres, bien qu'en français, ne lui disaient pas grand-chose. (p. 49)

Les auteurs cités par la suite sont les mêmes, mais la version française ajoute un titre qui ne figure pas dans le texte en néerlandais. En outre, la traduction exprime les doutes du jeune protagoniste quant à Faulkner ce qui n'est pas explicite dans le texte d'origine. La précision que les livres étaient lus à la plage n'est pas dans la traduction citée ci-dessous mais se retrouve quelques lignes plus loin. Un détail curieux : la mère (« zijn moeder ») a été remplacée par « sa grande sœur ou [...] son grand frère » comme étant les destinataires probables des livres empruntés :

AZ	*VO*
De juffrouw vond het niet verwonderlijk dat hij zomaar Hemingway, O'Henry, Poe, Saroyan en ook wel eens Faulkner leende om op het strand te lezen. Misschien dacht ze dat de boeken voor zijn moeder waren. (p. 37)	Il empruntait ainsi Hemingway et Poe, Saroyan et O'Henry et un certain Faulkner, dont il ne savait pas trop que penser (mais il lut jusqu'au bout ses Palmiers Sauvages). [...] Elle [*sc.* la demoiselle au comptoir] ne s'étonnait pas des livres qu'il emportait : sans doute croyait-elle qu'ils étaient destinés à sa grande sœur ou à son grand frère. (p. 49)

Les modifications faites au texte sont importantes en ce sens qu'elles supposent des connaissances que seul l'auteur peut posséder, bien qu'elles ne soient guère dues à des considérations culturelles.

Dans les deux versions, l'influence de la culture américaine et de la langue française est évoquée ; rien n'est dit à l'inverse de livres en néerlandais, et la littérature néerlandophone est également passée sous silence dans les extraits traitant de la découverte de la bibliothèque municipale. Cela est d'autant plus surprenant que la dite bibliothèque se trouve à Ostende, elle-même ville flamande néerlandophone. Dans *AZ*, une allusion est faite à cette bibliothèque, en début de livre, en parallèle à la bibliothèque américaine ; alors que dans *VO*, le rapprochement de ces deux institutions est présenté sous la forme d'une analepse (un récit d'une action appartenant au passé) beaucoup plus tardivement dans le texte :

AZ	*VO*
Er was steeds een vriendelijke juffrouw aan de balie (heel anders dan de norse ambtenaren van de stadsbibliotheek waar hij tijdens de winter vertoefde, die de indruk gaven dat boeken daar pas uitgeleend werden als je een of ander, hem onbekend, wachtwoord zei). (p. 37)	Restait encore la bibliothèque municipale, qu'il avait découverte un jour par hasard en entrant par une porte ouverte, à côté du théâtre. Il ne savait trop s'il y était admis ou non, mais il allait quand même s'asseoir à une table et feuilleter des revues d'art. Les livres, eux, semblaient inaccessibles, et des employés à l'air revêche surveillaient ce domaine dans lequel il aurait bien été tenté de bouquiner (bien différentes étaient les aimables ambassadrices de la lecture de la librairie américaine, pendant l'été). Il fallait un mot de passe, qu'il ne possédait pas. (p. 136)

Comme on le voit, ces passages ne sont pas parfaitement identiques. La traduction de « Er was steeds een vriendelijke juffrouw aan de balie » se retrouve dans le contexte approprié (« La demoiselle qui se trouvait au comptoir était fort aimable » *VO*, p. 49), tandis qu'il faut chercher plus loin dans *AZ* pour trouver un passage supplémentaire au sujet de la bibliothèque municipale :

> *AZ* Hij had de gewoonte altijd en overal een kijkje te nemen waar een deur openstond of een portaal niet gesloten was, of als hij een onbekend straatje passeerde. Zo was het niet verwonderlijk dat hij de stadsbibliotheek binnenstapte, die zich op een etage van de stadsschouwburg bevond. De deur stond immers open. Hij kon zich niet voorstellen wat hij daar moest zoeken of zou vinden. Er waren een paar zalen met rekken, gevuld met boeken die uitgeleend mochten worden. Maar omdat hij niet eens wist wat dat betekende en alle boeken in hun grijze linnen kaften op elkaar leken, stapte hij rustig naar de volgende zaal. Daar was het een bonte mengeling van kleuren en foto's: talloze tijdschriften die niet gekocht hoefden te worden, maar daar zo maar lagen om gelezen te worden: *The Saturday Evening Post, Life, Paris Match*, modetijdschriften, ook tijdschriften voor binnenhuisarchitectuur, waaronder *House and Garden* hem bijzonder aantrok. Kunsttijdschriften met reprodukties van grote meesters trof hij er niet veel, en dat vond hij jammer.
> Elke dag ging hij systematisch de tijdschriften lezen. Eerst een paar uurtjes, maar allengs bracht hij en steeds groter deel van zijn middagen in de leeszaal door. Hij had aan zijn tante over zijn bevindingen verteld en ze had er niets op tegen dat hij er tussen zijn wandelingen door eventjes ging rusten en zich verwarmen. Als hij maar niet vergat 'van de goede lucht te profiteren'.
> Hij wist wel dat men hem vanachter de balie vanuit de ooghoeken gadesloeg en soms vroeg iemand wel eens wat hij daar kwam doen. Maar hij was niet bang voor deze vragen en antwoordde beleefd naar waarheid. Er kon hem niets verboden worden. (p. 111)

Cette citation communique la même chose que l'extrait français qui vient d'être cité, mais de manière beaucoup moins dense (*VO*, p. 136).

Dans le texte d'origine, nous retrouvons les titres d'un certain nombre de périodiques, en anglais et en français, mais aucun titre en néerlandais. Il est donc peu probable que ce soit pour des raisons culturelles que la version française les omette. La plupart de ceux-ci – sauf *House and Garden* – en plus d'un titre français, *Jours de France*, qui ne figure pas dans le passage correspondant de l'original (*AZ*, p. 100) – ont d'ailleurs déjà été cités (*VO*, p. 135) dans un autre contexte, celui de la visite du garçon dans deux librairies ostendaises. Il n'y a cependant pas lieu de surinterpréter l'addition de *Jours de France*, car cette publication française est nommée, avec *Paris Match*, ailleurs dans le texte d'origine (p. 122). Cette fois-ci, ces titres spécifiques sont seulement rendus par les « magazines » génériques dans la traduction (p. 151).

Tandis que les titres en français foisonnent dans les deux versions, il n'y en a que peu en néerlandais, même dans l'original. Si, exceptionnellement, il y en a un, l'auto-traducteur le fait disparaître ou le remplace par son homologue français : ainsi le magazine *Het Rijk der Vrouw* est nommé deux fois dans l'original mais omis dans la traduction où il est remplacé par son homologue français :

AZ	*VO*
Dat had hij opgemaakt uit de romaneske beschrijvingen van de heldinnen in Bonnes Soirées en *Het Rijk der Vrouw*: groene ogen behoorden tot de attributen van het vrouwelijke schoon. (p. 56)	C'est ce qui ressortissait de ses lectures, surtout des feuilletons de *Bonne Soirée* où les yeux verts semblaient être l'attribut exclusif des femmes. (p. 73)

AZ	*VO*
Op een keer had hij een erg mooi verhaal gelezen in *Het Rijk der Vrouw*. (p. 114)	Un jour, il avait lu une histoire dans *Femmes d'aujourd'hui* qui l'avait touché. (p. 119)

L'original nous donne l'impression que le protagoniste lit *Het Rijk der Vrouw* en néerlandais, ce que nous pouvons même constater par deux fois. Or, dans la traduction, cette information est absente, d'abord par omission, puis par dissimulation, le magazine figurant alors sous son titre français. Ce dernier choix est facile à comprendre, puisque le périodique en question était alors diffusé en Belgique aussi bien en français qu'en néerlandais[1]. Dans un autre cas, l'auto-traducteur va encore plus loin lorsque la sœur du protagoniste, Annie, tente de fabriquer une blouse d'après un patron publié dans l'hebdomadaire *Libelle*. Tout comme son prédécesseur (*Het Rijk der Vrouw/Femmes d'aujourd'hui*), ce périodique existait à cette époque dans les deux langues, ce qui n'empêche pas son remplacement par le mensuel parisien *Modes et Travaux* dans la traduction :

AZ	*VO*
Dank zij een patroon uit de *Libelle* toverde ze moeizaam een blouse te voorschijn [...]. (p. 66)	Grâce à un patron trouvé dans *Modes et Travaux*, elle parvint pourtant à créer sa blouse, non en « un temps, trois mouvements » comme on le lui avait promis, mais avec grand-peine. (p. 86)

On peut s'étonner que l'auto-traducteur ait ressenti le besoin de faire disparaître la petite incongruité qu'aurait représentée la présence dans le texte en français d'un périodique néerlandophone. Évitant le décentrement, il semble souscrire au dicton emprunté au poète français François Villon qui affirmait qu'« il n'est bon bec que de Paris » (Klinkenberg, 2003, p. 43). Ce trait est encore renforcé par certains ajouts, qui laissent paraître encore davantage la prédominance culturelle française :

1 Voir sur Internet http://histclo.hispeed.com/photo/mag/bel/fmc-bel.html.

HTJ ø
CTJ Elle [*sc.* tante Emma] était aussi la tante qui les approvisionnait en revues et magazines ; bien entendu la revue maison, *Le Soir Illustré*, mais aussi *Le Patriote Illustré, Paris Match, Jours de France, Point de Vue*, et plus tard *Marie-Claire.*
Malheureusement elle ne s'intéressait pas assez au cinéma pour s'acheter et donc leur passer *Ciné-Revue* ou *Cinémonde.*
Sa propre connaissance du monde, sa vision de l'univers, son point de vue sur le rapport entre hommes et femmes, son milieu mental et intellectuel étaient pour une large part forgés par ces hebdomadaires. Ils laissèrent une marque profonde. Ce qui peut paraître curieux pour des publications qui se préoccupent surtout (c'était l'avis de sa mère) de sujets frivoles. Il faut croire qu'en fait il les dévorait moins qu'il ne les étudiait ; il ne les consommait pas d'une manière futile et superficielle, mais les abordait avec un mélange de ravissement, de curiosité et de sérieux. Presque en sociologue. Mais en sociologue pervers qui s'émerveille et prend un énorme plaisir à tout ce qu'il découvre. (pp. 32-33)

Dans la citation ci-dessus, *Le Soir Illustré* est qualifié de « revue maison » : ceci vient sans doute du fait que le mari de tante Emma, Jean, travaille comme typographe au quotidien *Le Soir*. Sa fille, Catherine, secrétaire au même journal, se mariera, et divorcera, avec un journaliste sport de ce journal. En outre, nous apprenons ici et là dans le roman que *Le Soir* joue un rôle important dans la vie du jeune garçon, voire de toute la famille (la première source d'information de la mère du protagoniste est cependant *La Libre Belgique*). Même le mari de tante Mimi, François, Ostendais invétéré, achète régulièrement le quotidien bruxellois francophone :

AZ	*VO*
Een ander vast bestanddeel van het dagelijks leven, of beter van dat van nonkel François was de aanschaf van een pakje Belgasigaretten en *Le Soir* in een winkeltje aan *Petit Paris*. Hij mocht dan *Le Soir* 'pour demain' gaan kopen. (p. 114)	Un autre rituel de leur vie, ou plutôt de celle d'oncle François, était l'achat quotidien d'un paquet de cigarettes Belga et du quotidien *Le Soir*, qui devait toujours être « pour demain ». (p. 120)

Le garçon, lui, aime à lire les feuilletons publiés dans *Le Soir*. Il s'agit surtout d'œuvres françaises connues, ce qui n'empêche pas, comme le montre les titres cités ci-dessous, la présence d'un titre néerlandais. C'est sans doute dans cette langue que le protagoniste lit *De Drie Musketiers*, une indication effacée dans la traduction, qui, on s'en doute, préfère le titre français :

AZ	*VO*
Hij las veel liever de feuilletons uit *Le Soir*, zoals *Les Deux Orphelines, Le Vicomte de Bragelonne, Vingt Ans après; De Drie Musketiers* zou hij pas later lezen, die waren in *Le Soir* vermoedelijk 'vingt ans avant' verschenen. Aan *Les Misérables* kon hij steeds maar geen touw vastknopen. Telkens moest hij de lectuur van het feuilleton onderbreken omdat de vakantie weer eens afgelopen was. (p. 115)	Il lui préférait de loin les romans-feuilletons du *Soir* : *Le Vicomte de Bragelonne, Les Deux Orphelines, Vingt ans après* (Il lirait *Les Trois Mousquetaires* plus tard ; ceux-ci avaient sans doute paru dans *Le Soir* vingt ans avant). La lecture des *Misérables* avait été pleine d'embûches et donc difficile à suivre : comme elle s'étalait sur différentes périodes de vacances, il en avait perdu le fil. (pp. 120-121)

Toute la famille lit donc beaucoup et avec plaisir. Cela vaut surtout pour la mère : « Elle lisait tout ce qui lui tombait sous la main ; ou plutôt elle le dévorait » (*CTJ,* p. 198). C'est une évidence (« natuurlijk » ; « évidemment ») qu'elle puise principalement dans la littérature française :

HTJ	*CTJ*
In hoofdzaak natuurlijk de Franse literatuur. Haar lectuur reikte van Balzac tot Gide, van Stendhal tot Mauriac, van George Sand tot Simone de Beauvoir. (p. 290)	En premier lieu, évidemment, la littérature française, où nulle distinction n'était faite entre Balzac et Gide, Stendhal et Mauriac, George Sand et Simone de Beauvoir. (p. 189)

Dans la liste des auteurs lus, citée par la suite, nous trouverons donc plusieurs écrivains français, mais aussi les Anglais Jack London et Graham Greene, les Norvégiens Sigrid Undset et Knut Hamsun, le Polonais Henryk Sienkiewicz (auteur de *Quo vadis ?*). L'Allemande Vicki Baum, en contrepoids à Pierre Teilhard de Chardin, ne figure que dans le texte d'arrivée, l'auto-traducteur, se permettant sans doute, en traduisant, de compléter ses souvenirs. Chose remarquable, les écrivains francophones de Belgique sont absents, même dans la traduction française, à l'exception des bandes dessinées. On peut seulement en trouver de modestes traces dans les tomes ultérieurs, avec par exemple la référence à un poème de Verhaeren intitulé « La pomme » (*Mowgli's tranen*, p. 402). Il ne faut pourtant pas surinterpréter cette lacune. Eric de Kuyper n'ignore pas la littérature belge de langue française et se sent même proche de ses confrères flamands francophones :

> Een paar jaar geleden herontdekte ik schrijvers als Rodenbach, Verhaeren en Eekhoud. Anderen zoals Paul-Aloïse de Bock begon ik te lezen. Maeterlinck en De Ghelderode kende ik al van vroeger als toneelauteurs. Allemaal Vlamingen die in het Frans schrijven. Ik begrijp hun schizofrenie, ik voel affiniteit met hen. (*Met gemengde gevoelens*, p. 35)

Il y a quelques années, j'ai redécouvert des auteurs comme Rodenbach, Verhaeren et Eekhoud. Et j'ai commencé à en lire d'autres, comme Paul-Aloïse de Bock. Maeterlinck et De Ghelderode m'étaient déjà connus comme écrivains de théâtre. Tous des Flamands écrivant en français. Je comprends leur schizophrénie, je ressens une affinité avec eux.

Cela dit, la culture française est prédominante dans les textes étudiés. Notons toutefois que le Flamand néerlandophone Stijn Streuvels, pseudonyme de Frank Lateur (1871-1969), est cité dans les deux versions (*HTJ*, p. 290 ; *CTJ*, p. 189). Les deux textes mettent également en avant l'effort fait par Robert, le frère aîné du protagoniste, et sa femme néerlandophone, « la petite Annie », de faire connaître la littérature du domaine linguistique néerlandophone. Les deux passages, rassemblés ci-dessous, sont déplacés l'un par rapport à l'autre dans l'original et la traduction :

HTJ	*CTJ*
Klein Annie en Robert, die de Nederlandse cultuur propageerden in de clan, verspreidden een heel nieuw register boeken, waaraan ze anders niet zouden zijn toegekomen. (p. 292)	Et certains, comme Robert et la « petite Annie », propageaient la littérature flamande ou néerlandaise, ce qui ajoutait tout un registre à leur éventail de lectures. (p. 190)

Ces deux versions diffèrent légèrement lorsque le texte traduit précise qu'il s'agit de la littérature de Flandre aussi bien que celle des Pays-Bas. C'est peut-être ce que veut dire le texte d'origine en utilisant le terme « Nederlandse », même si son sens strict ne peut que se référer aux Pays-Bas. Ce dernier mode d'interprétation sera d'ailleurs corroboré dans le cinquième tome de la saga familiale, *Bruxelles, here I come*, où sera évoqué encore une fois le rôle de Robert et d'Annie comme ambassadeurs de la culture néerlandaise (*Mowgli's tranen*, p. 404) :

> Tegenover de sterke Franse invloed was er ook de tegenkracht van zijn oudste broer Robert en diens vrouw klein Annie; zij namen in de familie de import van Nederlandse cultuur voor hun rekening, van de cultuur die op dat moment in Nederland leefde. Maar het waren slechts brokstukken, fragmenten, die niet goed in elkaar pasten, zodat het totaalbeeld en vooral de culturele mentaliteit die er een samenhang aan had moeten geven, ontbraken. (*Bruxelles, here I come*, p. 244)
>
> Pour contrebalancer la forte influence française, il y avait aussi les efforts faits par son frère aîné, Robert, et sa femme, la petite Annie ; ils se proposaient de faire connaître au reste de la famille la culture néerlandaise, la culture qui à l'époque vivait aux Pays-Bas. Mais ce n'étaient que des bribes, des fragments, qui n'allaient pas bien ensemble, de sorte que l'image totale et surtout la mentalité culturelle qui aurait dû leur servir de toile de fond faisaient défaut.

De plus, le texte de départ parle de culture dans un sens plus large que le texte d'arrivée. Mais ce sont là des détails. L'important, est que tant l'auteur que l'auto-traducteur, tout en signalant la présence de la littérature néerlandophone, laissent comprendre qu'elle ne s'impose pas de manière identique à la culture francophone.

6.1. Les bandes dessinées

Les bandes dessinées, le genre littéraire belge par excellence, occupent une place importante dans le cycle romanesque. C'est surtout le petit garçon au centre du récit qui dévore les bandes dessinées, mais même sa mère a ses favoris parmi les héros dessinés comme *Eric de Noorman* (*Éric, l'homme du Nord*). *Le Soir* semble représenter une source privilégiée dans ce domaine. Ainsi, tante Mimi envoie-t-elle régulièrement d'Ostende les bandes dessinées qu'elle a découpées dans ce journal à l'intention de son neveu. Parmi celles-ci, il y a certaines traductions en français de bandes dessinées américaines que le garçon n'apprécie pas beaucoup. En ceci, les deux versions ne diffèrent pas, si ce n'est que le texte cible fait mention de Walt Disney et qu'il ajoute un titre, *Le Petit Roi*, sans équivalent dans le texte source. Pourtant, on ne peut guère dire que ce soit là une adaptation en vue de plaire aux lecteurs francophones, car, malgré le titre français, il s'agit d'une bande dessinée américaine créée par Otto Soglow en 1934. L'auto-traducteur se permet probablement encore une fois de puiser après coup à la source de ses souvenirs. Or, il en est tout autrement d'*Eric de Noorman* (*VO*, p. 121 ; *HTJ*, p. 153 ; *CTJ*, p. 40), héros créé aux Pays-Bas en 1945 par Hans Georg Kresse (1921-1992). Dans l'original, il est désigné par son nom néerlandophone, bien que ce soit sans doute en français qu'il se présente aux lecteurs du *Soir*. Dans la traduction, l'allusion culturelle néerlandophone est tout à fait effacée, et tout lecteur qui n'est pas familier avec cette série dessinée pourrait croire facilement qu'il s'agit d'une création francophone. De nouveau, l'auto-traducteur a soin de polir le moindre signe d'opacité dans le but de rendre le texte cible aussi transparent que possible :

HTJ	*CTJ*
Wekelijks stuurde tante Mimi uit Oostende de stripverhalen die ze voor hem uit *Le Soir* geknipt had. Zijn moeder las ze niet graag, behalve dan *Eric de Noorman*, die ze verslond. Ze hield van de Vikingen, de vroege middeleeuwen... Hij hield van alle stripverhalen, met uitzondering van de komische zoals *Dagobert* of *Blondie*. Dit waren gewoon-	Chaque semaine, sa tante Mimi lui envoyait d'Ostende les bandes dessinées qu'elle avait découpées durant la semaine dans *Le Soir*. Il aimait presque tout, même les Walt Disney, car à défaut d'avoir vu les films, les bandes dessinées adaptées des films lui permettaient d'en avoir un avant-goût. Sa mère n'aimait presque rien, sauf *Éric l'homme du Nord*

lijk Amerikaanse strips die in het Frans vertaald en aan de nieuwe context aangepast werden, wat in het geval van Dagobert – een typisch Amerikaans gezin – tot vaak onbegrijpelijke situaties leidde. Dat vond men toen echter niet erg; men zei gewoon dat *Dagobert* deze week niet zo grappig was en daar liet men het bij. (pp. 153-154)	qu'elle dévorait. Elle trouvait que cela donnait une bonne idée du haut Moyen-Âge, époque qu'elle préférait par-dessus tout. On n'aimait pas tellement les bandes dessinées dites drôles comme *Dagobert* ou *Blondie* ou *Le Petit Roi*. Les situations très typiques du ménage des Dagobert étaient parfois difficiles à restituer dans leur contexte non américain. Sans doute les traductions françaises ne parvenaient-elles pas toujours non plus à rendre la saveur yankee de l'original. On ne s'en formalisait pas tellement ; on disait simplement que *Dagobert*, cette semaine, n'était pas très drôle. (pp. 40-41)

Comme nous l'avons vu, le texte en néerlandais est émaillé de titres en français, ce qui indique que les membres de la famille, en dehors de leur langue maternelle, s'approprient souvent la culture en français. Dans un passage où le petit garçon, suivant distraitement les conversations des adultes, se retire dans un coin pour feuilleter des albums de bandes dessinées connus, ceux-ci sont désignés tant dans le texte source que dans le texte cible par leurs titres français :

HTJ	*CTJ*
Hij nam voor de zoveelste maal zijn plaatjesboeken door (*Tintin, Quick et Flupke*), die hij nooit beu werd. (p. 163)	Il lisait pour la énième fois ses *Tintin* ou ses *Quick et Flupke*. (p. 51)

Mais Tintin s'appelle Kuifje en néerlandais, et un peu plus loin ce héros dessiné sera nommé différemment dans l'original (en néerlandais) et la traduction (en français) :

HTJ	*CTJ*
Hij zette in stijve drukletters zijn naam en adres in zijn *Kuifje*-boeken, zoals hij zijn zus en broers in hun boeken had zien doen. (p. 205)	Il gravait avec de grandes capitales son nom et son adresse dans ses *Tintin*, comme il l'avait vu faire fièrement par ses frères et sa sœur dans leurs livres. (p. 100)

Cela nous donne l'impression qu'au moins occasionnellement l'enfant suit les aventures de Tintin en néerlandais, impression renforcée par la suite, quand il est question d'échanges d'albums entre le protagoniste et son meilleur ami, Georges. *Tintin* et *Spirou* apparaissent ici tous deux sous leurs noms néerlandophones (*Kuifje* et *Robbedoes*) dans l'original tout en reprenant leurs 'vrais' noms dans la traduction. Les dénominations américaines (excepté *Superman*) sont, elles aussi, traduites en français ou expliquées en termes généraux :

HTJ	*CTJ*
George las elke week *Robbedoes*, en hij *Kuifje*. Ze ruilden hun collectie, want de wereld van Robbedoes was een totaal andere dan die van Kuifje. Robbedoes leek iets exotischer (wat niet hoeft te verbazen want veel stripverhalen erin waren van Amerikaanse herkomst). Zij hielden allebei vooral van Buck Danny, de GI met de stevige jukbeenderen, en van Superman. Minder daarentegen van Little Orphan Annie of Krazy Kats. (pp. 222-223)	Chaque semaine, Georges lisait *Spirou* ; lui lisait *Tintin*. Ça les arrangeait bien : ils échangeaient ainsi leur collection respective, car l'univers de l'un n'est pas celui de l'autre. *Spirou* leur semblait un peu plus exotique (non sans raison, car pas mal de bandes dessinées y étaient d'origine américaine). Ils aimaient Buck Danny, le soldat américain à la mâchoire carrée, et Superman. Ils aimaient moins *Annie la petite orpheline* et les histoires de garnements insupportables. (pp. 119-120)

Tintin (*tintin* 'rien du tout, impossible') et *Spirou* (*spirou* mot wallon signifiant 'écureuil' ou 'espiègle') étaient les deux hebdomadaires de bandes dessinées concurrents de l'époque. *Tintin* fut créé par Georges Rémi (1907-1983) – mieux connu sous le nom d'Hergé –, tandis que son compatriote André Franquin (1923-1997) contribua à la popularité de *Spirou*. Ces albums étaient aussi publiés dans des éditions néerlandophones sous les titres de *Kuifje* ('petite houppe') et de *Robbedoes* ('enfant turbulent'). Quick et Flupke, mentionnés plus haut, furent eux aussi créés par Hergé, en 1930, un an après Tintin. Pendant plusieurs années (1947-1955), il était possible de suivre leurs aventures dans l'hebdomadaire *Tintin*. Mais ces deux gamins semant le désordre dans les Marolles bruxelloises figuraient aussi dans des albums à part qu'apparemment le garçon lisait aussi. En plus de ce qui vient d'être cité, les deux héros dessinés sont comparés à certains personnages de livre scolaires, fort étranges à l'avis du protagoniste :

HTJ	*CTJ*
Bovendien ging het nu over wel heel vreemde wezens, met namen als Ot en Sien (wie heet er nu Ot of Sien?). Ook waren de verhaaltjes waarin ze optraden veel minder boeiend dan die over *Quick en Flupke*. (p. 205)	Et puis, il y avait des personnages qui s'appelaient Ot et Sien [...]. Mais qui, dans son entourage, s'appelait Ot et Sien ? [...] Les aventures auxquelles ils étaient mêlés étaient bien plus puériles que celles de *Quick et Flupke*. (p. 101)

Cependant, c'est dans un contexte un peu particulier que, pour la première fois dans le récit, nous avons affaire à l'un de ces noms à consonance néerlandophone. Pendant ses visites hebdomadaires, tante Emma a l'habitude de rendre compte de ce qui s'est passé sur son lieu de travail, une pâtisserie bruxelloise de grande renommée. Le patron,

Monsieur Questroy, est alors souvent au centre de son récit, aux côtés d'une autre collègue, dont le nom n'est pas le même dans les deux versions. Dans la traduction, c'est justement Flupke de la série d'Hergé à qui tante Emma à emprunté le nom. Cela est d'autant plus remarquable que le Flupke d'Hergé est un garçon. Dans l'original, en revanche, la collègue de tante Emma est surnommée Wiske, du nom d'une petite fille têtue et curieuse, héroïne d'une bande dessinée néerlandophone très appréciée, *Suske en Wiske*, créée en 1945 par Willy Vandersteen (1913-1990). On apprendra dans *Mowgli's tranen* (p. 400) que le protagoniste connaissait très bien ces deux héros dessinés et que c'est dans le quotidien *De Standaard*, en néerlandais, qu'il suivait leurs aventures. Tous les albums sauf un (traitant du nationalisme flamand) furent traduits en français, sous le titre *Bob et Bobette*. L'auto-traducteur ne semble pas croire que les lecteurs francophones connaissent cette série dans sa version originale, car en traduisant, il change le nom de Wiske. Comme ce n'est pas seulement l'allusion au monde dessiné mais aussi le suffixe diminutif flamand *ke* qui constitue un marqueur important, il a évidemment rejeté le prénom Bobette en faveur de Flupke, bien connu des lecteurs francophones. À l'aide des ajouts explicatifs, il fait d'ailleurs comprendre qu'il ne faut pas prendre trop au sérieux les (fausses) allusions au monde des bandes dessinées :

HTJ	*CTJ*
Je kon natuurlijk veel kritiek hebben op Questroy, en vooral mijnheer Questroy was lang niet altijd even vriendelijk voor haar, maar dat kwam voornamelijk door toedoen van 'Wiske', een 'vuile tong' (die niettemin de onmisbare vriendin van tante Emma was, want het was Wiske hier en Wiske daar). [...] Het waren weliswaar niet zulke spannende verhalen als die van tante Jeannot, en ook kon tante Emma lang niet zo goed vertellen en verviel ze nogal eens in herhaling, maar hij was best geboeid door de nieuwe aflevering van het vervolgverhaal over Wiske, de medewinkeljuffrouw, haar rivale die haar professionele haat-liefde-object was. Dit Wiske, zei zijn zus – want die had haar eens gezien – had niets te maken met het Wiske van Suske. Toch stelde hij zich haar zo een beetje voor, maar dan groter en dikker. Daardoor kon hij ook enigszins begrijpen waarom zijn tante het zo moeilijk had met haar Wiske. Het Wiske van	Questroy était au-delà de toute critique. Certes M. Questroy n'était pas toujours des plus aimables avec elle, mais la faute en incombait après tout à cette « mauvaise langue de Flupke » (qui semblait néanmoins inséparable de tante Emma, et c'était toujours « Flupke par-ci, Flupke par-là »). [...] Les histoires de tante Emma n'étaient évidemment pas aussi passionnantes que celles que racontait tante Jeannot lors de sa visite. Elle ne savait pas raconter avec autant de verve et se répétait souvent, mais il était néanmoins toujours très intéressant d'en apprendre plus sur les nouvelles aventures qu'elle avait vécues cette semaine-là avec Flupke, sa collègue, objet de ressentiment autant que d'amour. Cette Flupke, avait précisé sa sœur, qui l'avait un jour rencontrée, n'avait rien à voir avec Flupke, le copain de Quick. D'ailleurs la Flupke de tante Emma était une femme, et l'autre Flupke un garnement. Pourtant il ne parvenait pas à se

Suske was ook een lastig kind. (pp. 142-145)	défaire de l'idée que la Flupke de chez Questroy devait lui ressembler un peu : en adulte et en plus grosse évidemment. Cela lui permettait aussi de comprendre un peu mieux pourquoi tante Emma avait tant à se plaindre des mauvais tours que lui jouait sa Flupke. (pp. 24-28)

Nous pouvons donc constater que la tendance de l'auto-traducteur qui consiste à rendre transparent et à modifier tout ce qui peut sembler étranger aux yeux des lecteurs francophones vaut aussi pour les bandes dessinées. On pourrait toutefois regretter que les héros dessinés, qu'ils soient néerlandophones ou francophones, ne soient pas jugés dignes de franchir la frontière linguistique belge à condition égale.

CHAPITRE 7

Le monde des spectacles

En plus de la littérature, la famille s'adonne à d'autres formes d'art. Ainsi, le plus ardent désir du garçon est d'apprendre à danser le ballet, ce que le reste de la famille regarde avec méfiance (*HTJ*, pp. 164-167 ; *CTJ*, pp. 52-57). En revanche, la musique, le théâtre et le cinéma font partie des intérêts encouragés et partagés par plusieurs membres de la famille.

7.1. La musique

La manière dont, dès la petite enfance, le garçon entre en contact avec la musique classique, l'opéra et l'opérette, est décrite de manière semblable dans les deux versions. Même si les goûts musicaux de ses tantes Jeannot et Emma diffèrent, elles préfèrent toutes deux une offre musicale francophone. Les institutions musicales bilingues de Bruxelles, comme Le Théâtre de la Monnaie (De Muntschouwburg) et Le Palais des Beaux-Arts (Het Paleis voor Schone Kunsten), sont désignées par leurs noms français dans le texte source aussi :

HTJ	*CTJ*
Tante Emma ging met nonkel Jean naar de Gaité, de Vaudeville of de Folies Bergères (de Brusselse Folies Bergères wel te verstaan). Tante Jeannot ging daarentegen naar de Monnaie, het Palais des Beaux-Arts of de Ancienne Belgique. Dat was het verschil. (p. 148)	Du temps où il vivait encore, tante Emma allait avec oncle Jean à la Gaîté, au Vaudeville, aux Folies Bergères (bruxelloises, s'entend) ; tante Jeannot, par contre, à la Monnaie, au Palais des Beaux-Arts, à l'Ancienne Belgique. C'était toute la différence. (p. 34)

Pour ce qui est de la musique populaire, en revanche, on peut distinguer une certaine différence. Dans la traduction française, nous apprenons que les membres de la famille – sans pour autant se considérer comme étant particulièrement doués pour la musique –, passent beaucoup de temps à chanter à l'unisson dans leur cabine de plage ostendaise pendant les journées de pluie. Il apparaît à la lumière de ce passage que leur répertoire est divers, mélangeant chansons françaises et flamandes, qui, selon toute vraisemblance, étaient chantées en néerlandais. L'autotraducteur ne dit pas le contraire. Cependant le passage correspondant de l'original néerlandais est concis et sommaire, sans aucun détail précis :

nous pouvons donc constater que, dans ce cas, c'est le texte français qui présente une plus grande diversité culturelle. En outre, ce qui suit illustre la tendance de l'auto-traducteur, comme nous le savons déjà, à amplifier son texte en rajoutant des explications et des précisions complémentaires, détails que seul l'auteur pouvait connaître :

AZ	*VO*
Kinderen en volwassenen verdrongen zich in de kleine ruimte, waar luid werd gezongen, gelachen en allerlei spelletjes werden gespeeld. (p. 48)	Alors, pour la journée entière, ils se réfugiaient tous dans la cabine, en attendant que la pluie s'arrête. [...] On se mettait à raconter des histoires. Les mères se remémoraient avec plaisir leurs années d'adolescence passées à Londres. Ou bien on jouait de petits jeux de société comme « téléphone sans fil ». On chantait aussi beaucoup. Le clan aurait été étonné de se voir appeler une « famille musicale » – s'ils s'adonnaient à la musique, c'était toujours en solitaire : au piano, au violon... Mais là, rassemblés dans la cabine qui les abritait de la pluie, le plaisir du chant les prenait. Vieilles chansons françaises et chansons flamandes, répertoire du scoutisme ou répertoire religieux, tout se mêlait. (p. 63)

Les deux versions font également mention de chansons anglaises et américaines (*AZ*, p. 60 ; *VO*, p. 80), mais c'est l'influence française qui reste prédominante. Dans le texte en français, ceci n'est pas particulièrement souligné :

AZ	*VO*
Het was onnoemelijk rijk en Frans. (p. 60)	Ainsi le répertoire du quotidien s'enrichissait, et partout en rue on en saisissait des lambeaux en vol. (p. 80)

Mais parfois – comme dans le cas de l'amitié de la mère avec un soldat canadien – l'auto-traducteur fait une allusion aux trésors de la chanson française que l'auteur ne signale pas particulièrement. Il est possible que cette référence soit moins évidente pour le lecteur néerlandophone :

HTJ	*CTJ*
Jarenlang sprak zijn moeder zo nu en dan over een boerderijtje in Canada. Dat beeld van Canada met zijn boerderijen bleef in huis rondspoken. (p. 212)	Quoi qu'il en soit, bien des années après que le soldat canadien eut disparu de leurs vies, sa mère rêvait de temps en temps tout haut d'une « petite ferme au Canada ». L'image du Canada avec sa ferme hantait leur maison et Line Renaud ne faisait qu'en rendre les contours plus précis en chantant les vertus de sa « cabane au Canada ». (p. 108)

Notons que Line Renaud, née en 1928, qui faisait ses débuts à Radio Luxembourg, figure plus loin dans les deux versions (*HTJ*, p. 264 ; *CTJ*, p. 164) et que sa chanson la plus connue, « Ma cabane au Canada », une composition de Loulou Gasté, a déjà été citée, dans les deux versions également (*AZ*, p. 60 ; *VO*, p. 78).

Il est donc difficile de cerner des stratégies délibérées. Dans le cas suivant, le texte néerlandophone est plus spécifique que le texte francophone. Il contient en effet une précision concernant un chanteur français, et l'on peut se demander si l'auto-traducteur juge cette explication superflue, et ne préfère pas mettre André Claveau (1915-2003), chanteur apprécié des francophones, au pilori, ou s'il souhaite tout simplement changer son texte. Tout ce que l'on peut dire, c'est qu'il ressort des citations suivantes que la traduction – approximative – modifie en termes génériques le constat précis de l'original :

AZ	*VO*
Over dit laatste succesliedje [*sc. La petite diligence*] van André Claveau deden allen in de familie nogal schamper: het werd dan ook constant geneuried. (p. 60)	Les airs français à la mode étaient jugés sinon un peu vulgaires, du moins banals. Est-ce pour cela qu'on ne pouvait s'empêcher de les chantonner à tout bout de champ ? (p. 80)

Quoi qu'il en soit, les titres des airs de musique ou les morceaux de chansons cités apparaissent presque toujours en français dans l'original néerlandophone (*AZ*, p. 60, *VO*, p. 78 ; *AZ*, p. 97, *VO*, p. 130). Très exceptionnellement, comme dans l'extrait suivant, le texte source présente un titre en néerlandais (« Te Lourd' op de bergen »), mais le texte cible, présentant un autre titre en français (« Plus près de toi, mon Dieu »), n'en garde aucune trace. Comme on le verra, l'ordre des titres n'est pas le même. Le passage en question raconte l'habitude de la mère du protagoniste de chanter en plusieurs langues, pendant la lessive hebdomadaire :

HTJ	*CTJ*
Op Te Lourd' op de bergen volgde *Ma petite Tonkinoise*, dan *Veni Creator* en een eindeloze smartlap waarvan het refrein luidde: *Le lendemain* (nadat er weer iets vreselijks gebeurd was in het couplet), *Elle était souriante,* *Elle arrosait ses plantes grimpantes* *Avec de l'eau de son petit arrosoir.* (p. 135)	Du *Veni Creator* elle passait à *Ma petite Tonkinoise*, de *Plus près de toi, mon Dieu* à une rengaine sans fin dont le refrain répétait inlassablement (après qu'une autre aventure horrible soit arrivée à l'héroïne) que *Le lendemain* *Elle était souriante* *Elle arrosait ses plantes grimpantes* *Avec de l'eau de son petit arrosoir.* (p. 16 ; en italiques dans le texte)

Nous pouvons constater qu'au sujet de la musique, l'élément néerlandophone est peu important, même dans l'original. Une certaine influence anglo-saxonne se fait sentir dans les deux textes, mais ici comme ailleurs c'est la sphère culturelle française qui prédomine. Le cas de Charles Trenet représente un exemple significatif d'un phénomène culturel français qui, bien que présent dans les deux versions linguistiques, n'en occupe pas moins une place particulière dans la traduction française.

7.1.1. Trenet magnifié

Dans la postface de *CTJ* (p. 248), De Kuyper affirme qu'il s'est senti plus libre de parler à cœur ouvert de Charles Trenet et de sa musique en français qu'en néerlandais. Examinons donc un peu plus en détail les passages ayant trait à cette icône de la chanson française.

Dans un passage de *HTJ* (pp. 151-52), le narrateur enfant nous fait savoir comment tous les sons du quartier où il habite s'insinuent dans la courette protégée de la maison familiale. (Dans *CTJ*, les pages correspondantes, pp. 37-39, contiennent les rubriques, « Là-bas », « Chanson vole » et « Trenet ».) La musique et les paroles de *La Mer*, entre autres, donnent lieu à diverses réflexions.

Pour commencer, nous pouvons constater que le passage qui nous intéresse ici se compose de 663 mots en français et de 350 mots en néerlandais. Malgré cela, tous les éléments du texte en néerlandais n'ont pas été traduits en français. L'auto-traducteur ne semble ainsi pas avoir vu la nécessité de souligner particulièrement la préférence du protagoniste pour Trenet et son art (« Charles Trenet, daar hield hij het meest van. De woorden en klanken spraken duidelijk tot zijn verbeelding »). Il s'est par ailleurs permis certaines approximations et omissions, même si en général, les mots omis ne sont pas porteurs de signification. Il arrive aussi qu'une chanson soit rendue différemment dans les deux versions tout en étant toujours en français. Dans les citations suivantes, l'auteur explique soigneusement que la chanson en question traite de l'amour impossible entre la lune et le soleil, tandis que l'auto-traducteur, de manière plus subtile, se contente de faire allusion aux sentiments et aux problèmes du garçon lui-même :

HTJ	*CTJ*
Hij hield ook veel van het liedje waarin de onmogelijke liefde tussen de maan en de zon bezongen wordt: *'Le soleil a rendez-vous avec la lune... Mais la lune n'est pas là, quand le soleil l'attend...'* (p. 152)	Les chansons traitaient parfois des problèmes qui le préoccupaient beaucoup. Pourquoi, en effet : le soleil, le jour ; et la lune, la nuit ? « *La lune est là, quand le soleil, lui, ne la voit pas.* » (p. 38)

Un autre extrait illustre la façon dont l'auto-traducteur, partant d'un texte générique, concis et neutre, arrive à une description plus spécifique, expressive, voire même poétique : dans le texte français, la rue où habite le garçon se libère, grâce au soleil, de son enfermement et de sa tristesse :

HTJ	*CTJ*
'*Y a du soleil dans les ruelles...*', daar werd gezongen over hun eigen straat. (*Loc. cit.*)	« *Y a du soleil dans les ruelles* » : c'est vrai, même la rue Léon Mignon se régalait d'un rayon fugace qui lui permettait d'échapper à sa gangue grise. (p. 37)

Suivent quelques lignes racontant comment, dans l'imagination du garçon, la pluie de septembre qu'il entend ruisseler dehors s'infiltre dans sa chambre et jusque dans son lit. La traduction française consiste en un récit neutre sans citations ni références. En connivence avec ses lecteurs francophones, l'auto-traducteur ne trouve pas nécessaire de les renvoyer à un trésor culturel commun. À l'adresse du lecteur néerlandophone, par contre, l'auteur cite explicitement Trenet. En outre, il précise – par la voix de son protagoniste – qu'il ne pleut bien sûr pas dans le lit du petit garçon mais que c'est seulement le chanteur français qui voudrait le faire croire. Dans la postface de *CTJ* (p. 248), De Kuyper affirme que le texte en français aurait un ton plus naïf que le texte en néerlandais, mais voici un exemple qui prouve le contraire :

HTJ	*CTJ*
Of als het buiten regende en er dikke druppels op de slabladen vielen, zong hij van: '*Il pleut dans ma chambre... la pluie de septembre qui tombe dans mon lit'*. Het regende wel niet in zijn bed, maar Trenet gaf toch duidelijk aan dat het net was alsof. (p. 152)	Quand il pleuvait et qu'il entendait de son lit les gouttes tomber, une à une, sur les feuilles des salades de sa mère, il s'imaginait qu'il pleuvait dans sa chambre et que la pluie de septembre tombait dans son lit. (p. 37)

Jusqu'ici, il ne s'agit que de petits écarts entre l'original et la traduction. Or, la grande différence entre les deux extraits de texte qui nous occupent ici réside dans le fait que le texte en français communique beaucoup plus d'informations et d'impressions ressenties par le protagoniste au sujet de Trenet que ne le fait le texte en néerlandais. Ainsi, dans l'original, une citation exprimant l'ennui des enfants lors de la journée de dimanche n'est appuyée que par un « natuurlijk » affirmatif, tandis que cette même citation incite l'auto-traducteur à faire de Trenet un père idéalisé qui, plein de tendresse et d'amour, sait deviner les intentions et les sentiments les plus secrets de l'enfant. Juliette Gréco, autre vedette de la chanson française, est à l'instar de Trenet, évoquée comme étant la complice des enfants, à l'opposé des adultes qui sont en général accusés d'incompréhension. Outre ce renforcement de l'image culturelle de la France, la traduction nous informe aussi sur les sentiments les plus privés du personnage principal, informations sans équivalent dans l'original et qui n'auraient pas pu être communiquées par un traducteur autre que l'auteur. Incidemment, on peut ajouter que l'auto-traducteur a changé les temps des verbes de la chanson citée :

HTJ	*CTJ*
En natuurlijk: Les enfants s'ennuient le dimanche. Vienne, vienne la semaine Lundi, mardi, jeudi Où la rue est toujours pleine De lumière et de bruit. (*Loc. cit.*)	Comment savait-elle tout cela, cette voix ? La voix du père tendre, absent mais toujours présent, susurrait, et lui disait combien il le comprenait et l'aimait. La voix du père chantant et fou saisissait ses pensées les plus secrètes ou les plus indicibles. Il est vrai que « les enfants s'ennuyaient le dimanche ». Lui aussi détestait les dimanches. Il était reconnaissant à une autre grande personne de partager ce sentiment. Juliette Gréco, ainsi s'appelait la dame qui haïssait comme eux les dimanches. Elle osait exprimer ce qu'aucun adulte ne voulait admettre, mais que les enfants savaient : que les dimanches étaient haïssables. Elle le disait avec rage, et ça les vengeait. Les adultes ne voyaient pas d'un bon œil cette connivence. Ils auraient voulu interdire, exterminer, exiler cette voix qu'ils appelaient existentialiste et qui exprimait ce qu'eux, enfants, ne pouvaient dire tout haut. Faire taire les voix de la radio n'était pas aisé ! Mais que « vienne, vienne, la semaine, lundi mardi jeudi... » et alors « la rue était toujours pleine de lumière et de bruit ». (pp. 37-38)

L'attaque contre les adultes, toujours absente de l'original, reprend un peu plus loin :

HTJ	*CTJ*
Dat was niet het antwoord op de vraag, en de vraag kon hij niet beter formuleren. (*Loc. cit.*)	Les adultes, censés savoir, donnaient toujours des réponses à des questions non posées. Les questions posées, elles, restaient sans réponse. Ce n'était pas la réponse à sa question, mais celle que les adultes lui imposaient pour éluder la vraie question ! (p. 38)

Finalement, nous apprenons que le protagoniste a vu Trenet en concert : une fois en compagnie de sa tante, une deuxième fois sa mère s'étonna qu'il ne préférât pas aller au cinéma, et une autre fois encore, à Ostende, où il s'agissait d'une représentation gratuite en plein air. La différence entre les deux versions consiste en un ajout assez important, au sujet de la représentation ostendaise qui eut lieu en plein air. Cet ajout contient des informations anecdotiques qui auraient très bien pu être précisées par quelqu'un d'autre que l'auteur, mais les impressions tout à fait personnelles du petit garçon – de même que les précisions mentionnées ci-dessus – n'ont pu être ajoutées que par un auto-traducteur :

HTJ	*CTJ*
Hij had Charles Trenet een keer zien optreden in de Ancienne Belgique ('après sa tournée triomphale au Canada'). Daarna was hij hem nog eens in zijn eentje gaan zien (zijn moeder vond een matinee meer geschikt voor hem...). Later woonde hij zelfs nog een openlucht-optreden van hem bij aan zee, als onderdeel van de reclamekaravaan die de Tour de France begeleidde (de Tour de France in Oostende?). (p. 152)	Un jour, il était allé voir Charles Trenet à l'Ancienne Belgique (« après sa tournée triomphale au Canada ») en compagnie de sa tante. Puis, une autre fois, il avait reçu la permission spéciale de sa mère d'aller seul, tout seul, l'applaudir. En matinée, évidemment. (Sa mère ne comprenait pas : « Tu ne préfères pas aller au cinéma ? » avait-elle demandé.) Ensuite ils avaient eu la chance de le voir – gratuitement cette fois – chanter en plein air. La caravane publicitaire du Tour de France l'avait amené miraculeusement là : à Ostende, chez eux. Il avait chanté sur la grand-place, où d'habitude il y avait le kiosque avec la fanfare. D'un geste de la main, il avait indiqué « la mer » du mauvais côté. Tout le monde avait ri. Le chanteur lui aussi avait souri. Lui, il se doutait bien que c'était faux, que le chanteur savait pertinemment bien où se trouvait la mer ce soir-là. Ça lui avait réchauffé le cœur de le voir et de l'entendre, car lui, Trenet, était vrai. Cela avait aussi donné un sens au Tour de France, pour lequel tout le monde s'excitait tellement. (pp. 38-39)

Plus loin dans le livre, De Kuyper revient à Trenet. Son nom fait partie des noms de vedettes présentés au music-hall où le petit garçon accompagne parfois tante Jeannot. L'auto-traducteur augmente d'un cran l'emphase et l'expressivité de la présentation, en français dans les deux cas :

HTJ	*CTJ*
'et voici maintenant, Charles Trenet... pour quelques soirées seulement à l'Ancienne Belgique, avant sa tournée aux États-Unis'[...]. (p. 266)	« Mesdames, mesdemoiselles, messieurs. Pour quelques soirées seulement à l'Ancienne Belgique et avant sa tournée aux États-Unis, nous sommes fiers de vous présenter maintenant (silence ; puis, avec un large geste, par exemple) Char-les TRE-NET !!! » (p. 166)

Un peu plus loin, mais seulement dans la version française, un passage intitulé « Music-hall » renoue avec l'ajout déjà cité où Trenet apparaît comme un substitut du père. Encore une fois, les sentiments de connivence et de gratitude envers Trenet sont au premier plan :

> *HTJ* ø
>
> *CTJ* La chanson de Trenet parvenait à exprimer simplement ce qui semblait inexprimable, car banal et évident : en quoi cela consiste d'« aimer le music-hall » ? Ce n'est qu'une énumération des différents numéros, et en conclusion, Trenet constate : « C'est une école où l'on apprend à mieux voir, entendre, applaudir, à s'émouvoir en s'fendant de larmes ou de rire. » À nouveau, il était très reconnaissant au Fou Chantant d'exprimer et de formuler une de ces joies esthétiques qu'il éprouvait, en tant que gosse, de façon aussi profonde. Si profonde que parfois il lui semblait qu'elles l'auraient étouffés s'il n'y avait eu quelqu'un comme Trenet pour les chanter. Son monde, avec ses joies et ses tristesses, semblait correspondre point par point à celui des chansons de Trenet – ou était-ce le contraire ? Et que tout cet ineffable du quotidien puisse tout simplement se laisser chanter ! Quelle chance, en tant que gosse, d'avoir eu un tel guide, un tel maître à penser ! (pp. 168-169)

Comme nous avons pu le constater, ce n'est pas seulement quantitativement que l'auto-traducteur consacre plus d'espace à Trenet que l'auteur : la traduction française n'est pas seulement plus riche en mots et plus détaillée ; elle est aussi – et surtout – plus expressive et plus emphatique que l'original. J'ai signalé plus haut que les deux phrases en néerlandais, lapidaires et concises, (« Charles Trenet, daar hield hij het meest van. De woorden en klanken spraken duidelijk tot zijn verbeelding. ») ne sont pas directement traduites en français. Après étude approfondie, il convient toutefois d'ajouter qu'elles n'en sont pas moins développées dans la version française, de manière abondante, expressive et, par endroits même, sentimentale. Il en résulte que Trenet et son art y apparaissent autrement importants pour le protagoniste. Dans la certitude tranquille que la plupart de ses lecteurs francophones partagent son admiration pour le chanteur français, l'auto-traducteur s'est permis de donner libre cours à ses sentiments, tandis que l'auteur de l'original néerlandais a préféré s'exprimer de manière plus sommaire et plus neutre. Même si les lecteurs néerlandophones sont censés comprendre les citations et les expressions françaises, ils ne sont pas pour autant censés partager les connaissances et les valeurs de la sphère culturelle française. Inversement, il est possible d'affirmer que l'auto-traducteur prend en considération l'habitus des lecteurs francophones, qu'il va à leur rencontre en mettant en valeur le trésor de la chanson française. Ce faisant, il considère implicitement que la culture française est également celle de la Belgique francophone, ce qui ne peut que plaire aux lecteurs hexagonaux.

7.2. Le cinéma

L'attachement au septième art est également très présent dans les textes qui nous occupent. Plus d'une fois, le monde du cinéma est présent et plusieurs salles de cinéma bruxelloises de l'époque sont nommées et présentées – plus largement dans le texte d'arrivée que dans le texte de départ (*CTJ*, p. 165). Les titres de films, principalement anglophones, fourmillent. Dans la traduction, ceux-ci figurent le plus souvent sous leurs titres français, comme c'est le cas ci-dessous. Nous pouvons également noter que l'auto-traducteur corrige l'auteur en remplaçant Maureen O'Hara par Virginia Mayo :

AZ	*VO*
In een bepaald jaar werd dat *CAPTAIN HORATIO HORNBLOWER*, waarin gelukkig naast Gregory Peck, die hem totaal onverschillig liet, de roodharige Maureen O'Hara optrad. [...] Een ander jaar waren ze (zonder veel enthousiasme van zijn kant, want hij had een hekel aan de slapsticks van Chaplin) naar *LIMELIGHT* geweest [...]. (p. 98)	Une année, ils avaient vu *Capitaine Sans Peur* avec, heureusement aux côtés de Gregory Peck qui le laissait indifférent, Virginia Mayo, la belle rousse [...]. Une autre année (sans beaucoup d'enthousiasme de sa part, car il n'aimait pas les films comiques) ils avaient assisté au nouveau film de Chaplin *Les Feux de la Rampe* (p. 131)

Cette citation fait partie d'un récit sur les sorties au cinéma du petit garçon accompagné de tante Mimi, à Ostende. Celle-ci, qui ne partage pas la passion de son neveu pour le cinéma, préfère les films animés de Walt Disney. Mais pour tante Jeannot, les spectacles de cinéma font partie de ses sorties nocturnes bruxelloises. Quant à la mère du personnage principal, sa préférence va aux westerns. Le garçon va donc régulièrement au cinéma avec sa mère et ses tantes, mais aussi avec sa sœur Annie et son ami Georges. Les films vus et leur influence constituent un sujet de conversation récurrent dans la famille. Ainsi, la décoration intérieure de tante Jeannot aurait été influencée par les films d'Hollywood, et les styles vestimentaires de la sœur Annie et de la belle-sœur Irma sont comparés à ceux d'Esther Williams, de Lana Turner et de Martine Carol. Si, dans le texte, les vedettes sont les mêmes dans les deux versions, les mots et les phrases en anglais qui figurent dans l'original sont traduits ou expliqués dans la traduction (selon le modèle démontré dans le chapitre intitulé « Un va-et-vient linguistique ») :

AZ	*VO*
Ze [*sc.* Annie] had dit type badpak gekozen omdat ze zich qua lichaamsbouw – tussen het atletische en Rubensiaanse in – ongetwijfeld verwant voelde met een filmster als Esther Williams ('Wet she was a Star', werd in Hollywood van haar gezegd). (p. 45)	Elle [*sc.* Annie] avait choisi un maillot d'une pièce plutôt qu'un deux-pièces, pour mettre en valeur son physique oscillant entre le rubensien et l'athlétique. Sans doute aussi pour suggérer par là un air de famille avec la star hollywoodienne Esther Williams, qui selon les dires ne rayonnait dans toute la splendeur de star qu'en ce costume précis, toujours lui aussi d'une pièce. (p. 58)

AZ	*VO*
Ze [*sc.* Irma] had een puntige boezem waaroverheen een strakke trui van roze angora-wol spande. Haar voorbeeld was ongetwijfeld Lana Turner, de zogenaamde 'sweater girl'. (p. 46)	À la ville elle [*sc.* Irma] portait un pull en angora rose, qui moulait une poitrine qui s'inspirait visiblement de Lana Turner (celle qu'à Hollywood on appelait la « sweater girl », la fille au pull). (p. 60)

On peut constater que l'influence des États-Unis est prédominante dans les deux versions même si elle est un peu moins marquée dans le texte d'arrivée, puisque tous les éléments en anglais y sont traduits en français. Il arrive aussi qu'une référence au cinéma français, accompagnée d'explications dans le texte source, soit réduite à une phrase plus lapidaire dans le texte cible :

HTJ	*CTJ*
Ze hadden allen de film *MONSIEUR VINCENT* met Pierre Fresnay gezien, die handelde over de grote Franse achttiende-eeuwse heilige. (p. 294)	Le film *Monsieur Vincent*, qui relate la vie du saint, les avait fortement impressionnés. (p. 193)

La cause de la suppression du syntagme qualificatif « de grote Franse achttiende-eeuwse » ('le grand [saint] français du XVIIIe siècle') – le nom de l'acteur est cité un peu plus loin – tient sans doute au fait que l'indication du siècle dans le texte en néerlandais est incorrecte, le saint vivant au XVIIe siècle. Par ailleurs, l'image culturelle de la France est renforcée par certains ajouts, comme le suivant :

> *HTJ* ø
> *CTJ* Les films interdits aux enfants – toujours des films français – faisaient un large usage des dessous ; il le constatait sur les photos à l'entrée des cinémas. Michèle Morgan, Françoise Arnoul, Danièle Delorme... elles se mettaient toutes, pour un oui ou pour un non, dans cette tenue. Leurs soutiens-gorge et combinaisons étaient soit blancs soit noirs. Mais pourquoi tant d'héroïnes portaient-elles le deuil ? Il lui était impossible de le découvrir par lui-même, puisque ces films étaient invariablement « enfants non admis ». (p. 150)

Il n'y a pas de référence au cinéma néerlandophone. En revanche, un film allemand est mentionné (*HTJ*, p. 230 ; *CTJ*, p. 128), ainsi que Visconti (*CTJ*, p. 174) et les cinémas suédois, brésilien, australien et belge (*CTJ*, p. 213). Ce dernier passage raconte comment le petit garçon découvre une partie de Bruxelles jusque là inconnue pour lui, un quartier chic avec des magasins élégants situé entre la Porte de Namur et la Porte Louise :

> *HTJ* ø
> *CTJ* Et même quelques cinémas, dont un, que le reste de la famille fréquentait beaucoup, car on y montrait des films tels que : *Elle n'a dansé qu'un seul été, Ô Cangaceiro, The Overlanders, Le Banquet des Fraudeurs...* Bien sûr, tous des films qu'il n'avait pu voir (ils étaient « enfants non admis »), mais dont il avait été beaucoup question lors des réunions familiales dominicales. (*Loc. cit.*)

L'origine des films cités n'est pas indiquée, on l'a vu, mais comme le passage en question ne figure que dans la traduction, il contribue quand même à élargir le cadre culturel par rapport à l'original. Notons que les films brésilien et australien et le film belge francophone ont gardé leurs titres originaux (*Elle n'a dansé qu'un seul été* est le titre français du film suédois *Hon dansade en sommar*). De cette manière, quand il s'agit de refléter le monde du cinéma, le texte cible ne conduit pas seulement à une image un peu atténuée du cinéma nord-américain, ainsi qu'à une image de l'influence française renforcée ; il donne aussi une vue plus large sur le monde du cinéma que le texte original.

7.3. Le théâtre

Dans les deux tomes qui constituent l'objet de la présente étude, le théâtre n'occupe pas encore la place importante qu'il aura plus tard dans la vie du protagoniste décrite dans *Bruxelles, here I come*. Mais l'intérêt commence à s'éveiller, se manifestant, entre autres, par des spectacles de marionnettes mis en scène avec son meilleur ami, Georges

(*HTJ*, pp. 227-241 ; *CTJ*, pp. 124-137). Les deux amis ont hérité du théâtre de marionnettes des frères aînés du protagoniste, Jean et Michel qui, selon les deux versions, auraient puisé leur inspiration dans le théâtre de Corneille ! Le texte original nous donne toutefois l'impression qu'ils jouaient de temps en temps en néerlandais car le vers de mirliton cité ci-dessous est présenté en néerlandais dans le texte d'origine. Le texte traduit, quant à lui présente cependant une tout autre tirade, en français cette fois. Ainsi se dissimule de nouveau un élément néerlandophone :

HTJ	*CTJ*
Jan schreef de stukken in 'karamellenverzen', geïnspireerd op Corneille ('och, ocharme, ocharme, dierbare prinses, ik krijg er pijn van in mijn darmen', was een beroemde stance geworden). (p. 227)	Jean écrivait les pièces en vers de mirliton (ils disaient à la maison : « en vers de caramel mou ») et prétendait qu'il s'inspirait de Corneille (« À lessiver sans Persil, l'on triomphe sans voir » était devenu une maxime célèbre). (p. 125)

Notons toutefois qu'une référence est faite à un héros rendu célèbre dans un ouvrage littéraire belge : *La légende d'Ulenspiegel*, écrite en français en 1867 par de Charles De Coster (1827-1879), mais aux racines profondément flamandes.

HTJ	*CTJ*
Er was een pop die Tijl Uilenspiegel moest voorstellen [...]. (p. 227)	Les poupées n'étaient pas nombreuses : il y avait un héros, inspiré à ce qu'il semble de Tyl Ulenspiegel. (p. 124)

Il n'est pas fait allusion au théâtre néerlandophone, tout simplement parce que l'offre théâtrale à laquelle prend part la famille du roman se présente le plus souvent en français : pendant un voyage scolaire à Paris, le protagoniste assiste à une représentation à la Comédie-Française. Cette institution à renommée mondiale est citée sans commentaire tant dans *HTJ* (p. 172) que dans *CTJ* (p. 64). Mais lorsque cette même scène de théâtre est évoquée à nouveau, une explication – écrite de manière redondante et naïve, n'oublions pas que c'est le narrateur enfant qui parle – informe le lecteur qu'il s'agit là d'un grand théâtre parisien. Nous pouvons constater que cette phrase, faisant partie d'un récit sur les habitudes radiophoniques de la famille, ne figure que dans l'original, l'auto-traducteur ayant choisi de paraphraser le texte néerlandophone, sans toutefois citer de nom :

HTJ	*CTJ*
Het mooist vond hij de rechtstreekse opnamen vanuit de schouwburg (vaak de Comédie Française, een grote schouwburg in Parijs). (p. 324)	Lui, par contre, était un vrai mordu du théâtre radiophonique. Ce qu'il préférait, c'étaient les retransmissions en direct de l'un ou l'autre vrai théâtre. (p. 226)

Le texte en français, plus neutre, peut ainsi inviter à une interprétation plus multi-culturelle. Il ressort pourtant du texte environnant que l'on écoute surtout les émissions en français. Exceptionnellement, la sœur Annie et, dans l'original, son petit frère, écoutent le théâtre néerlandophone, en premier lieu pour railler certains acteurs et actrices :

HTJ	*CTJ*
Zijn zus en hij luisterden soms naar de hoorspelen, met hun akelige schreeuwende Vlaamse stemmen (zijn zus kon heel goed Germaine – of was het Angèle? – van de Durpel nabootsen, een van de hysterische krijsdiva's van het Vlaamse luisterspel). (p. 322)	Sa sœur y écoutait parfois des jeux radiophoniques, uniquement semble-t-il, pour le plaisir, après coup, d'imiter les voix criardes de certains acteurs ou actrices. Elle était particulièrement douée pour l'imitation d'une certaine Germaine – ou était-ce Angèle ? – Van den Durpel, une des grandes divas à la voix hystérique de la radio flamande. (p. 224)

Là encore, la sphère culturelle française est prédominante ce qui, paradoxalement, est d'autant plus vrai dans l'original. Quand, exceptionnellement, on y entrevoit une image culturelle flamande, une ombre de ridicule l'entoure, bien que cela soit adouci dans le texte cible. Le personnage principal, de plus, n'y agit pas, laissant à sa sœur le centre du récit. L'auto-traducteur fait donc s'effacer un peu le narrateur autodiégétique, ce qu'il souligne en ajoutant « semble-t-il ». Il modifie ce qu'il y a de catégorique dans l'énoncé : « akelige » ('horrible') est ainsi resté intraduit, et les voix criardes perdent le qualificatif « Vlaamse » ('flamandes') en étant attribuées tout simplement à « certains acteurs ou actrices ». Est-ce l'auteur qui, aidé de l'auto-traducteur, saisit l'occasion pour corriger après coup une description trop négative ? Ou bien : est-ce mieux accepté d'être excessivement critique de l'intérieur, quand on partage avec les lecteurs présumés la langue et la culture bafouées ?

7.4. Remarques conclusives

En fin de compte, nous constatons que les images culturelles du domaine linguistique néerlandophone sont peu nombreuses, même dans le texte d'origine, et sont inexistantes pour le monde du cinéma. La position forte de l'industrie cinématographique nord-américaine est quant à elle évidente, surtout dans le texte source. Néanmoins, c'est la sphère culturelle hexagonale qui prédomine globalement : dans le texte cible, les occurrences en langues étrangères, le plus souvent en anglais, sont, à de rares exceptions près directement traduites en français. Par cette annexion des éléments étrangers, le texte est rendu transparent pour les lecteurs francophones dont le monde conceptuel devient central.

CHAPITRE 8

Marqueurs culturels nationaux

C'est surtout de Flandre et de Bruxelles que proviennent les marqueurs culturels nationaux – ou plutôt régionaux – des textes qui nous occupent ici, la Wallonie étant peu présente ou même passée sous silence. Mais, comme nous avons déjà pu le constater dans les chapitres précédents, la France et les Pays-Bas (et, dans une certaine mesure, l'Angleterre et l'Amérique du Nord) teintent aussi le récit d'un point de vue culturel. Par la suite, nous allons regarder de plus près comment les phénomènes culturels associés aux pays voisins, la France et les Pays-Bas, se manifestent dans les textes source et cible.

Comme nous le savons déjà, la famille du narrateur a des racines néerlandaises ou, selon le texte, hollandaises. Cependant, des liens historiques et linguistiques unissent la Flandre et les Pays-Bas : on peut donc présumer que les lecteurs néerlandophones comprendront certaines références et allusions d'ordre culturel sans nécessairement avoir besoin d'explications supplémentaires. Pour les lecteurs francophones, les mêmes sous-entendus ne sont en revanche pas toujours évidents.

Bontje, née aux Pays-Bas, a donc été éduquée dans un pensionnat francophone en Belgique. C'est pourquoi elle se sent « tweemaal superieur: èn als Hollandse èn als Franstalig Belgische » (*AZ*, p. 70) « deux fois supérieure à son entourage : en tant que Hollandaise (bien que vaguement) et en tant que Belge francophone » (*VO*, p. 89). Nous pouvons noter ici que l'auto-traducteur, au moyen de la locution parenthétique « bien que vaguement » semble modifier l'importance de l'origine hollandaise en faveur de l'influence belge francophone. Ainsi lorsqu'il explique la « méridionalité » des habitudes sociales de certains membres de la famille par leur satisfaction d'être libérés du calvinisme sévère des Pays-Bas septentrionaux, le terme « de Vlaamse tak » ('la branche flamande') est remplacé par la formulation « le côté purement belge », soulignant ainsi que les Pays-Bas méridionaux ne se composent pas seulement des provinces de la Flandre mais de toute la Belgique. Les racines hollandaises sont plus loin encore qualifiées de « vagues » et la citation « het Noorden uit het zicht verloren hadden » ('avaient perdu de vue le Nord') a été supprimée :

AZ	*VO*
Er werd veel gezoend in de familie. Nietzoenen was een teken van onmenselijkheid. Meer nog bij de uit Holland stammende tak van de familie dan bij de Vlaamse tak. Alsof de Noorderlingen in het Zuiden opgelucht en bevrijd van hun calvinisme 'het Noorden uit het zicht verloren hadden' en zich naar hartelust zuidelijker gedroegen dan de Zuiderlingen zelf. (p. 50)	On s'embrassait beaucoup dans la famille. Sans doute encore plus du côté de ceux qui avaient de vagues racines hollandaises que du côté purement belge. Comme si les gens du Nord avaient été soulagés de pouvoir se libérer de leur calvinisme ; et, arrivés dans le Sud, se comportaient d'autant plus comme de vrais « méridionaux ». (p. 65)

Ailleurs, il arrive qu'une allusion à l'origine hollandaise disparaisse tout simplement, surtout dans le cas d'une remarque à connotation négative. Serait-il permis de s'exprimer de manière irrespectueuse en privé mais non pas dans l'autre langue ? Ou bien les francophones ignorent-ils certains traits de caractère peu flatteurs des Hollandais ? Bontje est censée être prompte à rudoyer les gens en raison de son ascendance à moitié Hollandaise – ce qui ne se sait que dans le texte source : « Snauwde ze zo snedig omdat ze half-Hollandse was ? » (*AZ*, p. 52). Quant au petit sarcasme à l'adresse des Hollandais sur leur prétendue parcimonie, la version française n'en a gardé aucune trace (« kwam het door de vage herinnering aan een verre Hollandse achtergrond, waarvan ze het juk nu met des te meer opluchting afschudden? » ('était-ce à cause d'un vague souvenir de leurs lointaines origines hollandaises, dont elles secouaient maintenant le joug avec d'autant plus de soulagement ?') :

AZ	*VO*
Maar hoe dan ook – kwam het door de vage herinnering aan een verre Hollandse achtergrond, waarvan ze het juk nu met des te meer opluchting afschudden? – de boekhouding werd dagelijks bijgehouden en dagelijks terzijde geschoven: tenslotte waren ze niet hier aan zee gekomen om rekeningen op te maken en uit te rekenen hoeveel de vis, de boter en het brood hadden gekost. (p. 33)	Il était donc d'autant plus curieux de voir que, chaque jour, les deux sœurs se sentaient obligées de passer au rituel du bilan, auquel quotidiennement aussi il était coupé court par un argument massue du genre : « Et puis nous ne sommes pas venues en vacances pour vérifier le prix du beurre, du pain, du poisson... » (p. 42)

Il est certes difficile de deviner pourquoi l'auto-traducteur choisit une stratégie d'occultation des références à la Hollande. Ainsi une comparaison avec ce pays, « (zoals in Holland, zou hij later constateren) », est remplacée par une remarque parenthétique d'un tout autre ordre, « (bien qu'en cette saison celle-ci [*sc.* la rue] fût totalement désertée par les voitures) ». Au cours d'une promenade au bord de la mer, le petit garçon fait la réflexion suivante au sujet de la digue ostendaise :

AZ	*VO*
Een straat! Een straat waarover auto's langs de zee konden rijden (zoals in Holland, zou hij later constateren). (p. 93)	Il ne raffolait pas trop de cette combinaison, de devoir se promener entre la mer et une rue (bien qu'en cette saison celle-ci fût totalement désertée par les voitures). (p. 127)

Les éléments associés à la sphère culturelle des Pays-Bas qui ont été inclus dans le texte traduit sont souvent accompagnés d'ajouts explicatifs inconnus des lecteurs du texte d'origine. Ainsi, lorsque le narrateur adulte se manifeste au cours d'un trajet de tramway entre deux arrêts, le texte d'arrivée précise dans quelle ville se trouvent les lieux nommés, alors que le lecteur néerlandophone est censé savoir que c'est à Amsterdam qu'ils sont situés :

AZ	*VO*
In de gauwigheid genoteerd op lijn 12, tussen de Amstel en de Van Baerlestraat. (p. 43)	Noté en vitesse, ce passage, sur la ligne 12, entre l'Amstel et la rue van Baerle à Amsterdam. (p. 56)

Dans un passage ayant trait à deux amies d'Annie (la sœur du narrateur), l'auto-traducteur mentionne le fait qu'aux Pays-Bas, certaines filles portent des prénoms mlasculins. Étant donné que les lecteurs néerlandophones connaissent cette habitude, il leur suffit de savoir que la jeune fille dotée d'un nom de garçon est originaire des Pays-Bas, tandis que cette information est suivie de la précision « les filles hollandaises portaient parfois des noms d'hommes » dans le texte traduit. Il est possible de se demander si cet ajout a été jugé nécessaire pour les lecteurs francophones, ou s'il s'agit d'une redondance, ou bien si cette précision a été jugée nécessaire pour éviter une fausse analogie à partir du texte source (« ze droeg een jongensnaam omdat ze een Hollandse was » ('elle portait un prénom de garçon parce qu'elle était Hollandaise', donc, toute Hollandaise porte un prénom de garçon) :

HTJ	*CTJ*
In de eerste plaats Susanne Lauwers, maar ook Juultje Meddens, die weliswaar een jongensnaam droeg maar toch een meisje was (ze droeg een jongensnaam omdat ze een Hollandse was). (p. 198)	Il y avait Susanne Lauwers et Juultje Meddens. Juultje portait un prénom masculin. Cela s'expliquait par le fait qu'elle était hollandaise et que les filles hollandaises portaient parfois des noms d'hommes. (p. 94)

Le problème de la confusion des noms se pose aussi dans les premiers livres scolaires du petit garçon. Le texte traduit est pourvu d'un ajout parenthétique, pour expliquer ce que le petit garçon n'avait pas compris, c'est-à-dire que ses livres scolaires provenaient des Pays-Bas. Le narrateur adulte – par la voix de l'auto-traducteur – parle même « d'un certain colonialisme » :

> *HTJ* ø
> *CTJ* Il n'avait jamais rencontré de petit garçon ou de petite fille portant ce nom bizarre [*sc.* Ot et Sien]. (Il ne pouvait pas se rendre compte que les livres scolaires étaient importés de la Hollande, où ces noms devaient être courants. Formes d'un certain colonialisme.) (pp. 100-101)

Il convient de rapprocher cet extrait d'un autre passage traitant de l'éducation reçue par la mère du protagoniste. Comme on le sait, celle-ci avait passé deux ans en France, dans un pensionnat catholique. L'original fait mention des nonnes françaises en décrivant ensuite en termes généraux ce qu'elles enseignaient. Dans la traduction, en revanche, des ajouts précisent que la France était bien le point de référence des matières enseignées. Cependant, les deux versions aboutissent à la conclusion que la jeune fille eut droit à une sérieuse éducation catholique et que la place particulière occupée par la France était incontestable. Cette dernière remarque est légèrement modifiée par l'auto-traducteur en changeant le mot principal et le qualificatif de place dans l'expression « la France catholique » et en ajoutant « en ces temps-là », en supprimant le qualificatif « uitverkoren » ('élue') ainsi que la répétition de « godsvrucht, vaderlandsliefde, kennis en cultuur » ('l'amour de Dieu et de la patrie, le savoir et la culture'), afin que l'aspect religieux de l'enseignement soit mis au centre. De cette façon, le texte d'arrivée souligne la prédominance culturelle de la France tout en adoucissant la critique d'une certaine présomption française que le texte de départ aurait pu laisser entrevoir :

HTJ	*CTJ*
De Franse nonnen hadden met evenveel zwier als doortastendheid een nieuwe wereld voor het meisje doen opengaan: de wereld van cultuur, kennis, wetenschap, taalvaardigheid en natuurlijk ook van vaderlandsliefde en godsvrucht. Het was een algeheel pakket 'la France catholique' geweest, dat 'la fille aînée du Seigneur' was, het uitverkoren Frankrijk, dat straalde van godsvrucht, vaderlandsliefde, kennis en cultuur. (p. 289)	Elles [*sc.* les nonnes françaises] avaient ouvert, devant les yeux de la fillette étonnée, un monde inconnu fait de culture, de savoir, de science, où la langue française, l'histoire de France et la géographie de la France occupaient une place centrale, à côté, bien sûr, des sentiments patriotiques et religieux. Ç'avait été une dose bien forte de « catholicisme français » qu'on lui avait injectée. La France qui, en ces temps-là, se prenait encore pour « la fille aînée du Seigneur ». (p. 188)

L'importance des instances de consécration françaises – même provinciales (« premier Prix de l'Académie des Beaux-Arts de Rouen ») – et la nostalgie de la France (« très solitaire loin de sa France natale ») sont encore évoquées dans un autre extrait issu de la traduction où le narrateur parle d'un voisin de tante Mimi, Monsieur Commère. Par ces ajouts, le texte cible souligne une origine française que le texte source signale seulement de manière fugace :

AZ	*VO*
Hij was een Fransman, een 'echte kunstenaar' [...]. Monsieur Commère was een oude vrijgezel, heel arm, zei zijn tante, maar van zeer goede familie. (p. 115)	Il [*sc.* Monsieur Commère] était français de nationalité, un « véritable artiste » (« premier Prix de l'Académie des Beaux-Arts de Rouen » spécifiait oncle François). [...] Tante Mimi disait que le vieux monsieur [...] était très âgé et très solitaire loin de sa France natale dans sa petite chambre. (p. 121)

La France, sa langue et sa culture, occupent une place de choix dans la vie de la famille du garçon, nous l'avons déjà vu. Néanmoins, les écoles où étudièrent le personnage principal ainsi que ses frères et sa sœur sont néerlandophones, bien qu'assurant un enseignement français de qualité. Il est intéressant de constater que c'est essentiellement dans le texte traduit que l'excellence du système scolaire néerlandophone est mise en contraste avec l'insuffisance des établissements scolaires francophones. Ce que le texte d'origine ne fait que suggérer est dit explicitement dans la traduction, où l'on retrouve également un ajout qui exprime la joie « de pouvoir aller à l'école flamande » sans que l'on sache pour autant si cette phrase est écrite sur le ton naïf du petit garçon ou sur le ton moqueur de l'auto-traducteur :

HTJ	*CTJ*
Het was een geluk dat de school er fris en modern uitzag. Dit werkte aanstekelijk op de onderwijzers, die zich geroepen voelden eveneens fris en modern te doen. Zijn school stak af bij de in-treurige rode bakstenen vestingen met hun hoge muren rond de speelpleinen, hun stinkende 'pissijnen' en de stijve grijswitte heiligenbeelden die de zaak maar niet wisten op te vrolijken. De geur in die scholen was muf en zurig en kleefde aan kleren, mensen en gebouwen. De onderwijzers zagen er ingeslapen en verzuurd uit; en de scholieren gedroegen zich als een kruising van slaven en barbaren. (p. 326)	Encore une chance que leur école, du moins la section néerlandaise, fût d'aspect engageant et moderne. Les maîtres s'y sentaient obligés de se comporter en gens de leur temps. Tout au contraire de la bâtisse sombre et rougeâtre, avec ses hauts murs, ses « pissoirs » puants, ses statues de saints en plâtre blanc gris qui ne parvenaient pas à donner une allure un peu plus engageante à la partie francophone de leur école. Là, il y avait une odeur rance et de moisi qui collait aux objets, aux vêtements, au bâtiment et aux personnes. Les instituteurs étaient aigris et somnolents, et les écoliers se comportaient comme un troupeau, croisement d'esclaves et de barbares. Quelle chance donc de pouvoir aller à l'école flamande ! (pp. 227-228)

Il ne ressort donc pas directement du texte en néerlandais que les écoles dénigrées soient francophones, même si l'impression que l'on retire de ce passage est la fréquence de cet état délabré dans un grand nombre d'écoles. Dans le texte en français, il n'est question que de la partie francophone de l'école où va le garçon : il est alors difficile de deviner ce qui se cache derrière la précision, la modification et l'ajout du texte cible. Il est peut-être plus acceptable de critiquer le système scolaire francophone en français ; et ce n'est peut-être pas si grave de mettre en valeur le système scolaire néerlandophone, si cela se fait avec un brin d'ironie ?

L'épisode de la célébration annuelle de Verhaegen, le fondateur de l'Université libre de Bruxelles, représente encore un énoncé, neutre en apprence, mais qui après sa traduction paraît teinté d'ironie. Les deux versions font allusion à la guerre scolaire belge des années 1950. Dans la version française, l'auto-traducteur ajoute, sans doute à l'adresse des lecteurs hexagonaux, qu'il s'agit d'un « moment historique de la glorieuse histoire de la Belgique d'après-guerre », explication qui ne figure pas dans l'original :

HTJ	*CTJ*
Op een van die 'saint Verhaerens' – het zal wel tijdens de schoolstrijd geweest zijn – kwam Annie thuis met een kapotte knie en een groot gat in haar nylons. Ze was bang geweest voor de rook- en stinkbommen en de straatgevechten. (p. 199)	Un jour de « Saint Verhaegen », Annie rentra à la maison avec ses bas nylon tout troués. Mon dieu, qu'elle avait eu peur ! Avec toutes ces bombes puantes et ces combats de rue (cela devait se passer lors de la guerre scolaire, autre moment historique de la glorieuse histoire de la Belgique d'après-guerre). (p. 95)

Dans un autre passage encore, où il est question de « l'indépendance » (« de onafhankelijkheid »), les lecteurs du texte en français (*CTJ*, p. 91) ont droit à une explication à laquelle les lecteurs du texte en néerlandais (*HTJ*, p. 194) n'ont pas accès : cette précision concerne le soi-disant joug hollandais que les Belges avaient soulevé, mais reste à savoir tout de même si les lecteurs français n'auraient pas pu eux aussi se passer de cette précision apportée par l'incise « (la belge, bien entendu) ».

S'il faut se garder de tirer des conclusions trop poussées des écarts observés ci-dessus entre les textes source et cible, il semble pourtant que l'auto-traducteur prenne soin d'expliquer et d'adapter, voire même de supprimer, ce qui peut paraître étrange ou choquant aux yeux du lecteur francophone, ce qui se traduit parfois par un recours à l'ironie.

Le tram côtier desservant les stations balnéaires du littoral belge, dont certaines sont nommées dans le texte original, devient un simple « tram vicinal » dans la traduction :

AZ	*VO*
Voorbij de dokken nam hij de 'boerentram' (de lange tram die alle kuststeden van Het Zoute tot De Panne verbond). (p. 106)	Passé le bassin, il sautait dans un tram vicinal. (p. 142)

On aurait cependant quelque tort à affirmer que les traits typiquement belges ont été rendus flous afin de pouvoir cadrer dans une réalité plus précisément française, une stratégie utilisée par certains écrivains francophones de Belgique pour occulter leurs origines (Klinkenberg, 1981, pp. 45-48). Surtout lorsque le narrateur parle de Bruxelles, l'auto-traducteur ajoute les noms de quartiers, de rues, de bâtiments, de magasins, renforçant ainsi la réalité du lieu par rapport à l'original :

HTJ	*CTJ*
Berg op, berg af, en dan weer berg op (Brussel is een en al heuvel en dal). (p. 204)	Par l'église de la Chapelle, le grand Sablon, la Porte de Namur, la place Madou, la place Saint-Josse. Autant dire par monts et par vaux, car Bruxelles est une ville accidentée. (p. 99)

HTJ	*CTJ*
Je hoefde nauwelijks je voet aan de grond te brengen om vaart te maken, zo snel ging het. (p. 221)	Ils planaient ainsi au-dessus de l'artère principale et mouvementée de la commune de Saint-Josse. (p. 118)

HTJ	*CTJ*
De steenweg werd daar ook smaller en begon te kronkelen. (p. 250)	La chaussée devenait aussi plus sinueuse, débouchait sur la place Saint-Josse pour remonter vers la place Madou. Un tournant, en épingle à cheveux, était réputé très dangereux. Réputation confirmée par le fait que, régulièrement, les grandes et belles vitrines toutes modernes de Van den Borre, accueillaient, au milieu de leurs appareils ménagers, une voiture ou un gros camion qui avait dérapé. (p. 147)

HTJ	*CTJ*
[...] nonnen met zwanekappen die nijver door de buurt dartelden en bijzonder geliefd waren. (p. 295)	Celles-ci [*sc.* les nonnes] voguaient élégamment à travers les rues de Schaerbeek et de Saint-Josse avec leurs coiffes en forme de cygne, et étaient très aimées de tous. (p. 194)

HTJ	*CTJ*
(Het is in Brussel vrij moeilijk om samenhangen te zien, niet alleen omdat de stad een en al heuvel is, maar vooral ook omdat sommige buurten zelfs twee niveaus van stedelijkheid kennen, waarbij straten boven elkaar lopen en huizenblokken zich krampachtig vanaf de lager gelegen straat omhoog hijsen naar de hogere.) (p. 313)	(Bruxelles, il est vrai, est parfois un casse-tête : sa cohérence est souvent difficile à saisir à cause des dénivellations et du vallonnement de la ville. Avec dans les cas extrêmes ces rues qui se chevauchent littéralement, où une rue passe au-dessus d'une autre, où des pâtés de maisons entiers se trouvent entassés sur d'autres. La rue Gray, qui passait sous la rue de la Loi et l'avenue de la Couronne, en était un exemple fascinant.) (p. 215)

Pour résumer, la tendance est celle d'une euphémisation des éléments néerlandais associés aux Pays-Bas septentrionaux dans la traduction et d'une mise en avant de l'influence française.

Cela n'empêche pas tant les lecteurs du texte source que ceux du texte cible d'être conscients du fait que la réalité décrite est belge – et non pas néerlandaise ou française. Cependant, le texte traduit fait aisément croire que cette réalité est essentiellement francophone.

CHAPITRE 9

Particularités culinaires

Avant de clore cette étude, arrêtons-nous sur un domaine très ordinaire de la vie, celui de la nourriture. Dans les textes qui nous intéressent ici, même les coutumes alimentaires font l'objet de modifications qui amènent à se poser des questions.

Au début d'*AZ* et de *VO* se trouve un passage nous expliquant que les personnages du roman mangent essentiellement du poisson pendant les vacances ostendaises en profitant de leur séjour à la mer :

AZ	*VO*
Iedere dag aten ze gekookte vis met gekookte aardappelen. En daarbij tomatensla en een warme botersaus. Nu eens was het kabeljauw, dan schelvis, dan weer tarbot, of griet of rog (bij de rog was er bruingebrande, warme botersaus). (p. 13)	Ils mangeaient tous les jours du poisson avec des pommes de terre étuvées. Du beurre fondu et une salade de tomates accompagnaient le poisson, qui était soit du cabillaud, soit du turbot, soit de l'aiglefin, soit de la raie (le beurre était alors noir). (p. 14)

En principe, la même nourriture figure dans les deux extraits, quoique la salade de tomates et le beurre fondu de même que l'aiglefin et le turbot aient changé de place dans la liste. En outre, le texte original précise que le poisson est servi bouilli (« gekookte vis »). On y trouve aussi un poisson – « griet » ('barbue') – qui n'est pas repris dans la traduction. Il faut probablement attribuer cet écart à l'habitude qu'a l'auto-traducteur de varier un peu les éléments des énumérations[1]. En revanche, l'omission dans la traduction française du verre de lait bu par le protagoniste dans l'original n'est certainement pas due au hasard. Elle est sans doute à considérer comme une concession faite à la tradition culinaire française, selon laquelle le lait n'accompagne guère les repas :

AZ	*VO*
De vis at hij altijd langzaam maar braafjes, de paar aardappeltjes met botersaus ook, en hij dronk zijn glaasjes melk. (p. 19)	Il mangeait son poisson sagement et avec application, ainsi que les quelques pommes de terre arrosées de beurre fondu. (p. 21)

[1] Voir le chapitre « Disparités et distraction ».

Or, un peu plus loin, le lait figure dans les deux versions, la traduction ajoutant soigneusement qu'il s'agit alors d'une boisson pour les enfants. Cependant, ces passages traitant d'un pique-nique sur la plage ont ceci de remarquable lorsque l'auto-traducteur remplace les tartines aux granulés de chocolat (« boterhammen met chocoladekorrels » 'chocoladehagelslag'), goûter très apprécié des enfants néerlandais, par un poisson froid à la mayonnaise et une salade de tomates. À l'œil nu, on constate aussi que le texte cible contient plusieurs ajouts, à part la précision « pour les enfants » après la mention du lait :

AZ	*VO*
Alleen als het erg mooi weer was en de kinders veel gezeurd hadden, bleven ze 's middags over het strand, en aten er boterhammen met chocoladekorrels en dronken melk. (p. 33)	Il n'arrivait que rarement qu'ils restent à la plage à l'heure du déjeuner. Seulement en cas de temps exceptionnellement beau et pour peu que les gosses aient insisté rappelant que « cette année ils n'avaient pas encore une seule fois déjeuné à la plage ! ». Les mères trouvaient que, même en limitant ce pique-nique à du poisson froid en mayonnaise, à une salade de tomates, et au lait pour les enfants, cela demandait beaucoup de préparation, et sans parler du transport de la nourriture. (p. 43)

Les fameuses tartines aux granulés de chocolat ont d'ailleurs déjà été mentionnées dans le texte en néerlandais – et ôtées dans la version française. Le narrateur a alors rendu compte des maux d'estomac dont il souffrait, enfant, après s'être appliqué à mastiquer, très lentement (« langzaam maar braafjes »), son déjeuner. Il fallait alors interrompre les jeux de plage pour aller aux toilettes. Comme sa mère ne lui permettait pas d'aller aux WC publics, il lui fallait se rhabiller et rentrer à la maison. Par gentillesse, sa sœur Annie l'accompagnait. À leur retour à la plage, les autres enfants en étaient souvent déjà au goûter, qui se compose précisément, dans la version originale, de tartines aux granulés de chocolat, tandis que la traduction ne précise pas en quoi consiste le goûter :

AZ	*VO*
Soms waren de jongens en meiden en de kinders al wezen zwemmen wanneer ze terugkwamen, en aten ze al boterhammen met chocoladekorrels. (p. 19)	Parfois les garçons et les filles ainsi que les gosses avaient déjà nagé et étaient déjà au goûter. (p. 22)

Pourtant, dans un passage ultérieur où il est question des activités nocturnes de la famille, l'auto-traducteur n'hésite plus à dévoiler la particularité culinaire jusqu'alors dissimulée. Certains soirs d'été particulièrement beaux, tout le monde retourne à la plage pour se baigner une dernière fois. Après la baignade, on mangeait ce qui restait des repas de la journée. Cette fois, les tartines aux granulés de chocolat sont nommées aussi bien dans le texte d'arrivée que dans le texte de départ :

AZ	*VO*
Er werden een paar overgebleven boterhammen met chocoladekorrels gegeten. (p. 40)	On mangeait donc ensuite les quelques tartines aux granulés de chocolat qui restaient. (p. 52)

On ne peut pas affirmer avec certitude que l'auto-traducteur ait consciemment choisi d'adapter le menu au goût français. Nous pouvons toutefois constater qu'il remplace d'abord une information spécifique (« boterhammen met chocoladekorrels ») par une désignation générique (« goûter ») pour ensuite l'annexer en la transformant en quelque chose de tout à fait différent qui correspond mieux à la tradition culinaire française (« un poisson froid à la mayonnaise et une salade de tomates »). Mais plus avant dans le texte, il nomme pour la première fois dans la traduction ce qui figure déjà pour la troisième fois dans l'original.

CHAPITRE 10

Conclusion

> Le problème, voyez-vous, c'est que les langues ne sont pas seulement des langues ; ce sont aussi des *world views*, c'est-à-dire des façons de voir et de comprendre le monde. Il y a de l'intraduisible là-dedans...
> (Nancy Huston, *Nord perdu*, 1999, p. 51 ; en italiques dans le texte)

10.1. Deux versions linguistiques, deux identités culturelles

L'auto-traduction est une pratique assez rare. Parmi les quelques auteurs qui ont choisi de se traduire eux-mêmes se trouve Eric de Kuyper, l'auteur d'un cycle romanesque écrit en néerlandais dont il a traduit lui-même les deux premiers tomes en français (*Aan zee*, 1988 ; *De hoed van tante Jeannot*, 1989 ; *Vacances ostendaises*, 1995 ; *Le chapeau de tante Jeannot*, 1996). Ces quatre textes sont au centre de la présente étude.

Dans ce qui précède, nous avons pu constater que l'auto-traducteur a souvent modifié son texte en déplaçant, en coupant et – surtout – en ajoutant certains éléments : le texte cible est ainsi 30 % plus long environ que le texte source. Une partie de ces adaptations sont dues à la liberté de l'auteur, ce qui suppose souvent des connaissances que seul l'auteur lui-même possède. Ainsi, l'auto-traducteur a pu compléter le récit de l'auteur au fur et à mesure que de nouveaux souvenirs refaisaient surface. Nous avons de plus pu noter de nombreux écarts entre les textes source et cible, notamment certains décalages diégétiques et stylistiques. Dans l'étude proprement dite, ces remaniements n'ont été pris en considération que dans la mesure où ils s'inséraient dans le cadre des adaptations culturelles du centre d'intérêt choisi. Rappelons qu'une adaptation culturelle d'un texte signifie la modification du texte source, afin que ce dernier réponde mieux aux valeurs et aux attentes du public cible : francophone, en l'occurrence.

La famille présentée dans ce roman-cycle se caractérise par sa diversité culturelle et linguistique. Si ses racines sont néerlandophones – le néerlandais, souvent parlé sous une forme dialectale, étant la première langue de la plupart de ses membres –, le français et la culture véhiculée par cette langue occupent néanmoins une place privilégiée dans leur vie. Le statut du français comme langue de prestige est incontestable, même pour la matriarche de la famille, pourtant originaire des Pays-Bas. Il ne faut pas oublier non plus le rôle joué par l'anglais, porteur de la culture anglophone et langue de connivence des adultes. Cette image d'une famille plurilingue et multiculturelle n'est cependant pas identique dans les deux versions. On constate que, dans le processus de traduction, la présence du néerlandais est minorée à la faveur du français, le passage du néerlandais vers le français favorisant sans doute cette transformation des références utilisées par l'auteur. Néanmoins, le texte traduit aurait pu mieux refléter la présence des deux langues communiquée par le texte d'origine.

Les titres, les citations et les dialogues en français sont légion dans le texte de départ, tandis que les occurrences en néerlandais dans le texte d'arrivée sont clairsemées. En règle générale, le néerlandais est traduit ou paraphrasé en termes généraux et certains éléments sont tout simplement supprimés. Un procédé de traduction couramment utilisé ici consiste à transposer les traits familiers et dialectaux en français standard. De plus, certains ajouts dans le texte cible, notamment les calembours, contribuent à renforcer la présence du français et à créer la divergence culturelle des deux textes. Globalement, les lecteurs néerlandophones sont supposés avoir une meilleure compréhension linguistique et culturelle que les lecteurs francophones. Un exemple en est la présence de l'anglais, nettement plus importante dans le texte d'origine que dans le texte traduit : un grand nombre de titres d'œuvres sont ainsi indiqués en anglais, apparaissant seuls et sans traduction dans le texte de départ. Ces mêmes termes, dans le texte d'arrivée, sont souvent traduits en français, sans indication du titre original en anglais. Le filtre de la langue française contribue donc à rendre l'image de la famille et de sa vie plus conforme aux attentes et aux connaissances des lecteurs francophones.

Les lectures constituent un passe-temps de choix pour plusieurs membres de la famille du protagoniste, qui puisent surtout dans la littérature française. À l'exception des bandes dessinées, la littérature francophone de Belgique est absente des textes étudiés. En revanche, le nom de l'écrivain belge d'expression néerlandaise Stijn Streuvels, pseudonyme de Frank Lateur (1871-1969) est cité dans les deux versions. Les deux textes mettent également en avant l'effort fait par le frère aîné du protagoniste et sa femme néerlandophone pour promouvoir la littérature néerlandophone. Pourtant, l'auteur et l'auto-traducteur font tous deux comprendre que la présence de la littérature néerlandophone n'est pas du tout évidente : la littérature hexagonale prédomine. Les titres de livres et de périodiques en français foisonnent dans les deux versions, au détriment du néerlandais, et ce même dans l'original. Si, exceptionnellement, un titre est écrit en néerlandais, l'auto-traducteur le remplace dans le texte d'arrivée par sa traduction française, évitant ainsi toute opacité. Il en est de même des bandes dessinées, qui représentent pourtant un genre littéraire à succès des deux côtés de la frontière linguistique belge. L'auto-traducteur s'applique donc à rendre transparent et à modifier ce qui peut sembler étranger aux yeux des lecteurs francophones.

Pour ce qui est de la musique, l'élément néerlandophone est peu important, même dans l'original. Une certaine influence anglo-saxonne se fait remarquer dans les deux textes, mais ici comme ailleurs, c'est la sphère culturelle française qui prédomine. Le cas de Charles Trenet en est un exemple significatif. À son sujet, le texte traduit n'est pas seulement plus riche en mots et plus détaillé, mais aussi plus expressif et plus emphatique que l'original. De connivence avec les lecteurs francophones, l'auto-traducteur donne libre cours à ses sentiments, modifiant ainsi le discours plutôt neutre de l'auteur.

Dans les domaines du cinéma et du théâtre également, c'est la sphère culturelle française qui prédomine. Les influences culturelles venant du domaine linguistique néerlandophone sont peu importantes. Le théâtre flamand mentionné une fois est quant à lui négativement connoté, bien que cela soit atténué dans la traduction.

Pour ce qui est du cinéma, la position forte de l'industrie cinématographique nord-américaine est évidente. Cependant, le plus souvent, l'auto-traducteur traduit en français les occurrences en langue étrangère. Ainsi, les éléments étrangers sont annexés pour ne pas déranger les lecteurs francophones, habitués aux films doublés en français.

Les marqueurs culturels associés aux pays voisins, la France et les Pays-Bas, se manifestent un peu différemment dans les textes source et cible. Le texte traduit fait ressortir encore davantage la prédominance hexagonale tandis qu'il atténue les références aux Pays-Bas. Cependant, il n'y a pas lieu à confusion : la réalité décrite est bien belge, même si le lecteur francophone la croirait facilement unilingue, c'est-à-dire francophone.

Enfin, même les coutumes alimentaires des personnages de roman font l'objet de modifications un peu surprenantes. On aurait tort d'affirmer que l'auto-traducteur choisit consciemment d'adapter certains phénomènes culinaires au goût français, mais on peut toutefois constater qu'il lui arrive de remplacer une information spécifique par une désignation générique pour ensuite l'annexer en la transformant en quelque chose de tout à fait différent qui correspond mieux à la tradition culinaire française.

10.2. La traduction comme recréation

Eric de Kuyper, auto-traducteur, ne s'est pas contenté de traduire son texte. En le réécrivant dans sa deuxième langue, il s'est laissé guider par les normes qui gouvernent le monde conceptuel des lecteurs cibles. La culture est ainsi essentiellement française ; et si, exceptionnellement, elle ne l'est pas, elle reste néanmoins véhiculée par la langue française : les titres d'œuvres artitisques sont ainsi traduits et les films sont doublés. Les gens s'expriment en français, le plus souvent dans un français qui s'écarte peu de la langue standard.

Les lecteurs sources, en revanche, sont censés être à même de suivre le va-et-vient linguistique des personnages de roman, mais on peut se demander si cela correspond à la réalité, le bilinguisme individuel tendant à disparaître en Belgique. Il est vrai que Bruxelles est officiellement bilingue, mais en Flandre, le français a progressivement perdu du terrain par rapport au néerlandais, jusqu'à n'avoir de nos jours que le statut de langue étrangère (Javeau, 1997 ; Willems, 1997). Par conséquent, on ne peut plus s'attendre à ce que le lecteur moyen néerlandophone comprenne forcément le français. Quant à l'anglais, c'est une langue en progression même parmi les francophones (Dierickx, 1997). Malgré cela, la compréhension linguistique et culturelle des lecteurs francophones n'est pas mise à l'épreuve au même degré que celle des lecteurs néerlandophones. C'est pourquoi nous avons affaire à deux versions linguistiques aux identités culturelles différentes.

Le traducteur doit essayer de communiquer aux lecteurs tous les aspects de l'original, même l'étrangeté et l'altérité. Ce faisant, il témoigne du respect tant pour la culture source que pour les lecteurs du texte cible. Or, dans le cas d'Eric de Kuyper, l'auteur lui-même a traduit ses textes. « L'écrivain se traduisant lui-même est libre d'opérer tous les changements qu'il souhaite, quitte à aboutir à une véritable recréation » (Oustinoff, 2001, p. 24). Le fait que l'auteur, le personnage principal, et une grande partie des lecteurs de l'œuvre qui nous occupe, sont tous imprégnés de la même dualité linguistique et culturelle qui caractérise leur pays natal, implique qu'Eric de Kuyper devrait donc être mieux placé qu'aucun autre traducteur pour évaluer les intentions de l'auteur ainsi que la largesse d'esprit des lecteurs du texte à traduire. « Mieux vaut donc finalement réécrire que traduire », affirme-t-il (*CTJ*, postface p. 247). Et c'est bien ce qu'il a fait. Dans son cas, l'écriture à deux voix ne signifie pas seulement le passage d'une langue à une autre mais aussi le transfert d'une identité culturelle vers une autre, l'une manifestement double, voire même multiculturelle, l'autre en apparence francophone et française. C'est ce que laisse penser cette citation, tirée du cinquième tome du cycle romanesque, *Bruxelles, here I come*, où l'*alter ego* d'Eric de Kuyper, s'est lui aussi senti tiraillé entre, la grandeur et la suffisance de la culture française d'un côté et, de l'autre, la position revendicative de la culture flamande et son ouverture vers le monde :

> De mogelijkheid om zich in de cultuur te verdiepen, om zich te verrijken waren aan de Franstalige kant groter. [...] Aan de andere kant bestond er geen twijfel dat deze rijkdom op een ander vlak een verarming betekende. Hij was bang dat hij in die homogene Franse sfeer het nodige contrast en zelfs de tegenwerking van de Vlaamse cultuur zou missen, maar ook de andere culturen die hij nu via de Engelse aan het ontdekken was. Het Nederlands maakte het, zo leek het hem, haast vanzelfsprekend, om niet te zeggen noodzakelijk dubbele cultuurlevens te leiden. Een Frans, maar waarom ook niet een Engels, en misschien wel een Duits... wie weet. De tegenwerking, het weerwerk, die maakten zo'n positie juist boeiend. (*Op. cit.*, p. 367)

> La possibilité de se plonger dans la culture, de s'enrichir, était plus grande dans la sphère francophone. [...] D'autre part, il n'y avait pas de doute que, sur un autre plan, cette richesse signifiait un appauvrissement. Il avait peur que, dans la sphère française homogène, lui manquent le contraste nécessaire et même l'opposition de la culture flamande, mais aussi les autres cultures qu'il était maintenant en train de découvrir par l'intermédiaire de la culture anglaise. En choisissant le néerlandais, il fallait mener une double vie culturelle, cela lui semblait presque une évidence, voire même une obligation. Une vie culturelle française, mais pourquoi pas aussi anglaise, ou bien allemande peut-être... qui sait ? L'opposition, la résistance, voilà justement la fascination d'une telle position.

Bibliographie

Argand, C., 2001. « Nancy Huston ». Lire, mars 2001, sur Internet http://www.lire.fr/entretien.asp/idC=36870&idTC=4&idR=201&idG [accès le 29 octobre 2003].

Bernard, S., 2001. Voir Girard-Daudon, A. & Bernard, S., 2001.

Blampain, D. *et al.* (dir.), 1997. *Le français en Belgique. Une langue, une communauté*. Louvain-la-Neuve, Duculot.

Brink, A., 2000a. *Donkermaan*. Kaapstad/Pretoria/Johannesburg, Human & Rousseau.

Brink, A., 2000b. *The Rights of Desire*. London, Secker & Warburg.

Burger, P., 1994. Voir De Vries, J. W., Willemyns, R. & Burger, P., 1994.

Charlier G., 1958. « La littérature militante et Marnix de Sainte-Aldegonde », in *Histoire illustrée des lettres françaises de Belgique*, 1958. Gustave Charlier et Joseph Hanse (dir.), pp. 175-182. Bruxelles, La Renaissance du livre.

Claeys, E., 1992. *Eric de Kuyper*. Antwerpen, Vlaamse Bibliotheek Centrale (Polycopié).

Contrastief onderzoek Nederlands-Frans/Recherches contrastives néerlandais-français, 2001. Éd. par L. Beheydt [...]. Louvain-la-Neuve, Peeters.

Cordonnier, J.-L., 1995. *Traduction et culture*. Paris, Hatier/Didier.

De Decker, J., 1990. « Eric de Kuyper remporte le prix NCR flamand. Au temps où Bruxelles frémissait ». *Le Soir*, le 29 décembre 1990, in Claeys, E., 1992. *Eric de Kuyper*, p. 49. Antwerpen, Vlaamse Bibliotheek Centrale (Polycopié).

De Decker, J., 1991. « De Kuyper, un Proust du Plat Pays. En trois livres, ce nouveau maître flamand nous donne sa recherche des *fifties* perdues ». *Le Soir*, le 27 février 1991, in Claeys, E., 1992. *Eric de Kuyper*, p. 52. Antwerpen, Vlaamse Bibliotheek Centrale (Polycopié).

De Vries, J. W., Willemyns, R. & Burger, P., 1994. *Het verhaal van een taal. Negen eeuwen Nederlands*. Amsterdam, Prometheus.

Dierickx, J., 1997. « Le français et l'anglais », in *Le français en Belgique. Une langue, une communauté*, 1997. Daniel Blampain *et al.* (dir.), pp. 307-318. Louvain-la-Neuve, Duculot.

Dingwaney, A. and Maier, C. (eds.), 1995. *Between Languages and Cultures. Translation and Cross-cultural Texts*. Pittsburgh/London, University of Pittsburgh Press.

Even-Zohar, I., 1990. « Polysystem Studies ». *Poetics today*, vol. 11, 1990 : 1.

Ferré, R., 1995. « On destiny, language, and translation, or, Ophelia adrift in the C. & O. canal », in *Between Languages and Cultures. Translation and Cross-cultural Texts*, 1995. Anuradha Dingwaney and Carol Maier (eds.), pp. 39-49. Pittsburgh/London, University of Pittsburgh Press.

Gasparini, P., 2004. Est-il je ? *Roman autobiographique et autofiction*. Paris, Seuil.

Genette, G., 1972. *Figures III*. Paris, Seuil.

Genette, G., 1983. *Nouveau discours du récit*. Paris, Seuil.

Girard-Daudon, A. & Bernard, S., 2001. « Ce que dit Nancy ». Propos recueillis par Alain Girard-Daudon et Stéphane Bernard. *Initiales*, sur *Internet* http://www.initiales.org/cgi-bin/carte.pl?CHAP=004&RUBR=010/ [accès le 19 novembre 2003].

Green, J., 1987. *Le langage et son double*. Traduit par Julien Green. Paris, Seuil.

Grutman, R., 1998. « Auto-translation », in *Routledge encyclopedia of Translation Studies*, 1998. Mona Baker (ed.), pp. 17-20. London/New York, Routledge.

Gullin, C., 1998. *Översättarens röst. En studie i den skönlitteräre översättarens roll med utgångspunkt i översättningar av Else Lundgren och Caj Lundgren*. Lund, Lund University Press.

Gunnesson, A.-M., [2000] 2001. *Les écrivains flamands et le champ littéraire en Belgique francophone*. Göteborg, Acta Universitatis Gothoburgensis.

Histoire illustrée des lettres françaises de Belgique, 1958. Gustave Charlier et Joseph Hanse (dir.). Bruxelles, La Renaissance du livre.

Huston, N., 1999. *Nord perdu* suivi de *Douze France*. Arles/Montréal, Actes Sud/Leméac.

Internet. (Spécifications ailleurs dans la bibliographie et dans le texte même.)

Javeau, C., 1997. « Le français dans la région bruxelloise », in *Le français en Belgique. Une langue, une communauté*, 1997. Daniel Blampain *et al.* (dir.), pp. 239-258. Louvain-la-Neuve, Duculot.

Juhel, D., 1999. « Prolixité et qualité des traductions ». *Meta*, XLIV, 2, 1999, sur *Internet* http://www.erudit.org/revue/meta/1999/v44/n2/003275ar.html [accès le 17 novembre 2003].

Karamcheti, I., 1995. « Aimé Césaire's subjective geographies : Translating place and the difference it makes », in *Between Languages and Cultures. Translation and Cross-cultural Texts*, 1995. Anuradha Dingwaney and Carol Maier (eds.), pp. 191-197. Pittsburgh/London, University of Pittsburgh Press.

Klinkenberg, J.-M., 1981. « La production littéraire en Belgique francophone. Esquisse d'une sociologie historique ». *Littérature*, n° 44, 1981, pp. 33-50.

Klinkenberg, J.-M., 2003. *Petites mythologies belges*. Bruxelles, Labor.

Kuyper, E. de, 1988. *Aan zee. Taferelen uit de kinderjaren*. Nijmegen, Sun.

Kuyper, E. de, 1989. *De hoed van tante Jeannot. Taferelen uit de kinderjaren te Brussel*. Nijmegen, Sun.

Kuyper, E. de, 1992. *Als een dief in de nacht*. Nijmegen, Sun.

Kuyper, E. de, 1994. *Je viendrai comme un voleur*. Bruxelles, Labor.

Kuyper, E. de, 1995a. *Vacances ostendaises. Souvenirs d'enfance*. Adapté du néerlandais par l'auteur. Bruxelles, Labor.

Kuyper, E. de, 1995b. *Een passie voor Brussel*. Amsterdam, Babylon-De Geus.

Kuyper, E. de, 1996a. *Le chapeau de tante Jeannot. Souvenirs d'une enfance bruxelloise*. Adapté du néerlandais par l'auteur. Bruxelles, Labor.

Kuyper, E. de, 1996b. *Drie zusters in Londen. Uit de familiekroniek, 1914-1918*. Nijmegen/Antwerpen, Sun/Kritak.

Kuyper, E. de, 1997a. *In de zon uit de schaduw*. 1 : *Aan Zee* ; *De hoed van tante Jeannot* ; *Mowgli's tranen*. Nijmegen/Antwerpen, Sun/Kritak.

Kuyper, E. de, 1997b. *Met zicht op ze. Aan zee – veertig jaar later*. Nijmegen/ Leuven, Sun/Kritak.

Kuyper, E. de, 1998. *In de zon uit de schaduw*. 2 : *Grand Hotel Solitude* ; *Bruxelles, here I come* ; *Kronieken*. Nijmegen/Antwerpen, Sun/Kritak.

Kuyper, E. de, 2000. *Met gemengde gevoelens. Over eigenheid, identiteit en nationale cultuur*. Nijmegen, Sun.

Literature and Translation : New Perspectives in Literary Studies, 1978. James S. Holmes, José Lambert & Raymond van den Broeck (eds.). Leuven, Acco.

Livresse, 2000. « Cette plume anglophone qui écrit en français. Une Canadienne à Paris, *or is she ?* ». *Livresse*, le 26 février 2000, sur *Internet* http://www.livrese.com/Auteurs/huston-nany-010226.shtml [accés le 25 novembre 2003].

Lucera, G., 1987. « Introduction », in Green, J., 1987. *Le langage et son double*. Traduit par Julien Green, pp. 7-21. Paris, Seuil.

Maury, P., 1994b. « Le charme du Résidence Palace. Eric de Kuyper dans le dédale de l'immeuble bruxellois : *Je viendrai comme un voleur* ». *Le Soir*, le 20 avril 1994, p. 6.

Munday, J., 2001. *Introducing Translation Studies. Theories and Applications*. London/NewYork, Routledge.

Neuhuys, P., 1938. *Le XVIe siècle et Marnix de Sainte Aldegonde*. Anvers, « Ça ira ».

Osimo, B., 1999. « Nabokov's selftranslations : interpretation problems and solutions in Lolita's Russian version ». *Sign Systems Studies*, vol. 27, 1999, pp. 215-233, sur *Internet* http://www.ut.ee/SOSE/7osimo.html [accès 18 novembre 2003].

Osstyn, K., 1991. « Le prix NCR pour Eric de Kuyper » Tr[aduit par] Fr. de Haes. *Septentrion*, 1991 : 2, pp. 81-82.

Oustinoff, M., 2001. *Bilinguisme d'écriture et auto-traduction : Julien Green, Samuel Beckett, Vladimir Nabokov*. Paris [...], Harmattan.

Peeters, C., 1990. « De jungle, niet de dierentuin. Het sensibele geheugen van Eric de Kuyper ». *Vrij Nederland*, le 30 juin 1990, in Claeys, E., 1992. *Eric de Kuyper*, p. 125. Antwerpen, Vlaamse Bibliotheek Centrale (Polycopié).

Routledge Encyclopedia of Translation Studies, 1998. Mona Baker (ed.). London/New York, Routledge.

Sardin-Damestoy, P., 2002. *Samuel Beckett auto-traducteur ou l'art de l'« empêchement »*. Arras, Artois Presses Université.

Sengupta, M., 1995. « Translation as manipulation : The power of images and images of power », in *Between Languages and Cultures. Translation and Cross-cultural Texts*, 1995. Anuradha Dingwaney and Carol Maier (eds.), pp. 159-174. Pittsburg/London, University of Pittsburgh Press.

Swaim, D., 1985. « Audio interview with André Brink ». *Wired for Books*, sur *Internet* http://www.wiredforbooks.org/andrebink/ [accès le 19 novembre 2003].

Toury, G., 1995. *Descriptive Translation Studies and beyond.* Amsterdam/ Philadelphia, John Benjamin's Publishing Company.

Virone, C., 1994. « Un inconnu célèbre ». *Le Carnet et les Instants*, n° 83, 1994, p. 24.

Willems, D., 1997. « Le français en Flandre », in *Le français en Belgique. Une langue, une communauté*, 1997. Daniel Blampain *et al.* (dir.), pp. 259-272. Louvain-la-Neuve, Duculot.

Willemyns, R., 1994. Voir De Vries, J. W., Willemyns, R. & Burger, P., 1994.

Index sélectif

Abstract

Title: Écrire à deux voix : Eric de Kuyper, auto-traducteur
English title: To write in two voices: Eric de Kuyper, self-translator
Author: Ann-Mari Gunnesson

Eric de Kuyper is the author of a cycle of autobiographical novels written in Netherlandic, of which he has himself translated the first two volumes into French: *Vacances ostendaises* (1995); *Le chapeau de tante Jeannot* (1996). The present study is based on these two texts as well as their source texts *Aan zee* (1988) and *De hoed van tante Jeannot* (1989). The main goal of the study is to identify possible cultural differences between the source and target texts. The fact that we are dealing with a self-translation is also taken into consideration.

According to the point of view chosen for this work, the translator should try to communicate every aspect of the original to the readers, even strangeness and otherness. However, the study carried out shows that, in this case, the linguistic and cultural comprehension of the francophone readers is not put to the test to the same extent as that of the netherlandophone readers. While rewriting his text in his second language, the self-translator has let himself be guided by norms active in the conceptual world of the target readers. Therefore, the cultural image reflected in the two linguistic versions is not identical.

In the case of Eric de Kuyper, writing in two voices does not only mean the passage from one language to another, but also the transfer from one cultural identity towards another, one obviously double, even multicultural, the other mainly francophone, not to say French.

Key words: bilingualism, cultural adaptation, cultural identity, Eric de Kuyper, rewriting, self-translation

Résumé

Titre : Écrire à deux voix. Eric de Kuyper, auto-traducteur

Auteur : Ann-Mari Gunnesson

Eric de Kuyper est l'auteur d'un cycle romanesque à caractère autobiographique écrit en néerlandais dont il a traduit lui-même les deux premiers tomes en français : *Vacances ostendaises* (1995) ; *Le chapeau de tante Jeannot* (1996). C'est sur ces deux textes ainsi que leurs textes sources *Aan zee* (1988) et *De hoed van tante Jeannot* (1989) que se base la présente étude. Le premier objectif est l'identification d'éventuels écarts culturels entre l'orignal en néerlandais et la traduction en français, dans le cadre d'analyse assez rare d'une auto-traduction.

Selon l'optique choisie pour ce travail, le traducteur doit essayer de communiquer aux lecteurs tous les aspects de l'original, même l'étrangeté et l'altérité. Cependant, l'étude menée montre que dans le cas présent, la compréhension linguistique et culturelle des lecteurs francophones n'est pas mise à l'épreuve au même degré que celle des lecteurs néerlandophones. En réécrivant son texte dans sa deuxième langue, l'auto-traducteur s'est laissé guider par les normes qui gouvernent le monde conceptuel des lecteurs cibles. Par conséquent, l'image culturelle reflétée dans les deux versions linguistiques n'est pas identique. En l'occurrence, l'écriture à deux voix ne signifie pas seulement le passage d'une langue à une autre mais aussi le transfert d'une identité culturelle vers une autre, l'une manifestement double, voire multiculturelle, l'autre principalement francophone, voire française.

Mots-clés : adaptation culturelle, auto-traduction, bilinguisme, Eric de Kuyper, identité culturelle, réécriture